ESSAI

SUR LES

EFFETS DE LA LICITATION

DANS L'ANCIEN DROIT ET LE DROIT MODERNE

Discordias propinquorum materia com-
munionis solet excitare.

PAPINIEN, loi 77, § 20, *De Legatis,* 2°.

THÈSE POUR LE DOCTORAT

PAR

Pierre BENOIT

AVOCAT

LAURÉAT DE LA FACULTÉ DE DROIT DE TOULOUSE

Concours de Licence (1892-93-94)

TOULOUSE

IMPRIMERIE JOSEPH FOURNIER

62, Boulevard Lazare-Carnot, 62

1898

UNIVERSITÉ DE TOULOUSE

ESSAI

SUR LES

EFFETS DE LA LICITATION

DANS L'ANCIEN DROIT ET LE DROIT MODERNE

Discordias propinquorum materia communionis solet excitare.

PAPINIEN, loi 77, § 20, *De Legatis*, 2°.

THÈSE POUR LE DOCTORAT

PAR

Pierre BENOIT

AVOCAT

LAURÉAT DE LA FACULTÉ DE DROIT DE TOULOUSE

Concours de Licence (1892-93-94)

TOULOUSE

IMPRIMERIE JOSEPH FOURNIER

62, Boulevard Lazare-Carnot, 62

—

1898

FACULTÉ DE DROIT DE TOULOUSE

MM. PAGET, ❋, Doyen, professeur de Droit romain.

DELOUME, professeur de Droit romain.

CAMPISTRON, professeur de Droit civil.

WALLON, professeur de Droit civil.

BRESSOLLES, professeur de Procédure civile.

VIDAL, professeur de Droit criminel.

HAURIOU, professeur de Droit administratif.

BRISSAUD, professeur d'Histoire générale du Droit.

ROUARD de CARD, professeur de Droit civil.

MÉRIGNHAC, professeur de Droit international public et privé.

TIMBAL, professeur de Droit constitutionnel.

DESPIAU, professeur de Législation française des finances et de Législation et Economie industrielles.

HOUQUES-FOURCADE, professeur d'Economie politique.

FRAISSAINGEA, professeur adjoint, chargé des Cours de Droit maritime et de Droit commercial.

LÉVY, chargé du Cours de Droit civil comparé.

HABERT, secrétaire.

HUC, ❋, Conseiller à la Cour d'appel de Paris, professeur honoraire.

POUBELLE, O. ❋, professeur honoraire, ambassadeur.

Président de la Thèse : M. FRAISSAINGEA.

Suffragants
{
MM. BRESSOLLES.

HAURIOU.
}

La Faculté n'entend approuver ni désapprouver les opinions particulières du candidat.

BIBLIOGRAPHIE

Droit romain. — Cujas, *Recitationes ad solemnes*, ad legem 13 § 17 (*de Actionibus empti et venditi*), ad legem 31 (*de Usu et usufructu per legatum*, etc.). — Grossi, *Archivio jiuridico*, 1871, t. XI, p. 439. — Tambour, *des Effets du partage* (thèse, 1856). — Tartufari, *Archivio jiuridico*, 1875, t. XV, p. 436. — Tillard, *des Actes dissolutifs de communauté* (éd. 1851).

Ancien Droit. — Aubépin, *de l'Influence de Dumoulin sur certains points du droit civil* (*Revue critique*, 1861, t. XVII, p. 515). — Bosquet, *Dictionnaire des Domaines*, Vº *Lods* et Vº *Partage* (éd. 1711). — Championnière, *Etude historique sur l'article 883 du Code civil* (*Rev. de législation*, 1837, VII, p. 405, et 1838, VIII, p. 161). — Guyot, *Traité des Fiefs*, t. I (éd. 1746). — Hervé, *Matières féodales*, t. III. — Ferrière, *Corps et compilation de tous les commentateurs modernes sur la coutume de Paris*, tit. II, art. 80 (1685). — Louët, *Recueil de plusieurs arrêts notables du parlement de Paris*, lettre H, n. 11, t. I (éd. 1742). — Merlin, *Répertoire universel et raisonné de jurisprudence*, Vº *Partage, Licitation, Nantissement* (1827-28). — Pothier, *Traité de la vente*, n. 631; *Traité des fiefs*, 1ʳᵉ partie, ch. V, § 3; *Coutume d'Orléans* (sur l'art. 15). — Vallabrègue, *Etude historique sur l'article 883* (*Rev. prat. de droit français*, 1872).

Droit civil. — AMIAUD, *Traité formulaire du Notariat*, t. III (1898), V° *Partage*, n. 569. — AUBRY et RAU, *Cours de droit civil français*, t. VI (1873), § 625. — BAUDRY et WAHL, *Traité théorique et pratique de droit civil* (des Successions), t. III (1895), n. 4265. — BERTAULD, *Questions pratiques et doctrinales de Code Napoléon*, § 298 (1869). — CARPENTIER, *Répertoire général alphabétique du droit français*, V° *Licitation*, ch. V, § 469, t. XXVI (1898). — CHABOT, *Commentaire sur la loi des successions* (sur l'art. 883), t. III, p. 666 (1818). — DALLOZ, *Répertoire alphabétique*, t. XLIV (1857), V° *Successions*, n. 2078, et *Supplément*, t. XVII (1896), *eod.*, n. 1321 et suiv. — DEMANTE et COLMET DE SANTERRE, *Cours analytique de Code civil*, t. III, § 225 (1885). — DEMOLOMBE, *Cours de Code Napoléon*, t. XVII, n. 252 (1860). — DUTRUC, *Traité du partage de succession* (1855). — FUZIER-HERMAN, *Code civil annoté*, t. II (1886), art. 883 et 1220. — HUC, *Commentaire théorique et pratique du Code civil*, t. V (1893), § 436 — LAURENT, *Principes du droit civil*, t. X (1880), n. 393. — LIÉGEARD, *de la Nature et des effets du partage* (1855). — MARCADÉ, *Eléments du droit civil français* (sur l'art. 883), t. II (1844), p. 370. — POUJOL, *Traité des successions*, t. II (1843), 344. — LE SELLYER, *Commentaire théorique et pratique sur le titre des successions*, t. III (1892), n. 1780. — VIGIÉ, *Cours élémentaire de droit civil français*, t. II (1890), n. 383.

Droit fiscal. — DEMANTE, *Principes de l'Enregistrement*, t. II (1890), n. 699. — *Dictionnaire des droits d'enregistrement*, par les rédacteurs du *Journal de l'Enregistrement*, V° *Partage, Licitation* (1884). — GARNIER, *Répertoire général et raisonné de l'Enregistrement*, V° *Licitation* (1890).

INTRODUCTION

——

Le partage est une opération qui a pour but de
transformer les droits abstraits qui portent pour
partie sur la totalité d'un objet en droits concrets
portant pour le tout sur partie de l'objet. Mais,
comme le droit de copropriété pénètre tous les éléments de la chose, on ne peut donner au copropriétaire l'objet même de son droit, car il faudrait, pour
cela, réduire l'objet de l'indivision à ses éléments
simples pour distribuer à chacun ce qui lui est
dû (1). Cette division, qui serait nécessaire pour
effectuer un partage idéal, étant impossible, il a
fallu, pour transformer un droit indivis en droit divis, négliger le droit à la chose pour ne considérer
que le droit à la valeur, et n'attribuer au copropriétaire que l'équivalent de son droit et non son droit

---

(1) Sunt ergo partes ita inter se confusae, ut nemo sociorum jure communi
possit attingere partem suam, quin attingat alienam. (Doneau, *de Jure civ.*,
IX, 11, 5.)

lui-même. Le partage n'est donc, en pratique, qu'une distribution *ad valorem* précédée d'une estimation. Mais ce moyen est souvent impuissant à résoudre l'indivision, car il est des choses dont la nature répugne à tout partage. Pour surmonter la difficulté, il a fallu employer un nouvel artifice. Au lieu de partager l'objet, on l'attribue à un seul des copropriétaires, à charge de désintéresser les autres ayant-droit.; c'est le partage avec soulte qui s'opère, grâce au secours de valeurs étrangères à l'indivision.

A côté de ces deux façons de résoudre l'indivision, il en existe une troisième plus affinée, plus éloignée de la réalité, qui affecte les formes d'une vente et nécessite le concours de valeurs et souvent de personnes étrangères à l'indivision. Nous voulons parler de la licitation. Grâce à cette opération accessoire, un droit indivis peut toujours se transformer en un droit divis; car la licitation, au lieu de déplacer les droits des copropriétaires pour les fixer sur une partie de ce qui faisait l'objet de leur droit, reporte l'indivision sur une chose essentiellement divisible, une créance.

En Droit romain, le partage étant considéré comme une aliénation, la licitation affectait les mêmes caractères que le partage. Dans notre Droit moderne, qui attribue des effets spéciaux au partage, la licitation produira tantôt les effets d'un partage, tantôt les effets d'une aliénation. Ce sera toujours un acte destiné à faire cesser l'indivision ; mais il n'en est pas moins vrai qu'il faudra lui appliquer concurremment les règles du partage et de la vente.

Ce sont les effets multiples de cet acte que je me propose d'étudier. Je n'ai pas la prétention d'exposer, dans ce rapide aperçu, toutes les difficultés de la matière. Mon but est plus modeste. Signaler en curieux plutôt qu'en juriste les principales difficultés de la question, après en avoir retracé rapidement l'évolution, tel est mon but, heureux si je réussis à l'atteindre.

PREMIÈRE PARTIE

Historique

I

DROIT ROMAIN

Le Droit romain n'attribua pas, à l'exemple du droit moderne, un caractère spécial au partage. Est-ce un échange ? Est-ce une vente ? Telle est la seule préoccupation des jurisconsultes. L'indivision resta toujours un état de fait dont cette législation, si riche en fictions, n'essaya jamais de faire disparaître, par le partage, les conséquences à la fois dans le passé et dans l'avenir (1). Dans le partage judiciaire, le juge constituait la propriété divise grâce au double pouvoir qu'il possédait dans toute action divisoire : l'*adjudicatio* et la *condemnatio.* — L'*adjudicatio* lui permettait d'attribuer un lot aux coparta-

---

(1) Cependant, l'indivision était considérée comme un état fâcheux. (L. 8 § 2 ; D., *de Reb. eor.*, 27-9 ; l. 26 § 4, *de Condict. indeb.* ; D., 12-6.)

geants, de constituer une servitude entre plusieurs lots distincts (1) et même de créer un usufruit (2). Grâce à la *condemnatio*, — droit que le juge romain possédait dans presque toutes les actions, — il pouvait faire naître des obligations entre les copartageants. Ce double pouvoir, qui permettait au juge romain de créer à son gré des droits réels ou des obligations, suffisait pour résoudre les indivisions les plus compliquées. Si les biens étaient partageables, le *judex* en adjugeait une portion à chacun des copropriétaires, tout en créant les servitudes nécessaires à l'exploitation des lots. Le fonds était-il impartageable ? Le juge pouvait prendre deux partis :

1° L'adjuger à l'un des communistes, qui sera condamné à payer une soulte (3) ;

2° Liciter le bien avec ou sans admission des étrangers (4).

Ces actes étant toujours considérés comme des aliénations, produisaient des effets identiques. Cependant, il nous semble qu'on peut signaler, quant aux effets, deux différences, peu importantes il est vrai :

1° En cas d'éviction, s'il s'agissait d'une licitation, c'est *l'actio ex empto* qui devait être accordée, car il y avait vente. En cas de partage, au contraire, les jurisconsultes, qui soutenaient que cette opération est un échange, accordaient l'action *praescriptis verbis* (5) ;

---

(1) D., l. 7, § 1, 10-3. Le juge pouvait constituer ainsi une servitude prédiale comme une servitude personnelle (l. 22 § 3, 10-2; l. 18 § 1, 10-3), mais il ne pouvait, après avoir adjugé le fonds purement et simplement, créer ensuite une servitude. (L. 22 § 3; D., *fam. ercisc.*, 10-2.)

(2) *Fg. Vat.*, § 47.

(3) D., l. 55, 10-2.

(4) D., l. 78, § 4, 23-3. Dans le premier cas, le juge adjugeait au dernier communiste enchérisseur et le condamnait à payer le prix. Dans le second cas, le juge, n'ayant aucun pouvoir sur les personnes non engagées dans l'instance, renvoyait les parties devant le magistrat qui, seul, pouvait faire l'*addictio*. (V. Labbé, *Traité de la garantie*, p. 67.)

(5) La plupart du temps, des stipulations étaient intervenues qui donnaient ouverture à l'*actio ex stipulatu*.

2° L'adjudicataire n'a pas droit aux *instrumenta heredita-ria* (1).

Pour le reste, les effets de la licitation étaient identiques à ceux du partage (2), et ce que nous dirons de l'un sera applicable à l'autre.

Nous négligeons les effets de la licitation envers les communistes, qui sont identiques à ceux de la vente. Il n'en est pas de même de ceux envers les tiers. Les règles propres aux aliénations seront applicables, mais l'état d'indivision modifiera leur portée d'une façon telle que nous verrons des règles de droit commun produire des effets exceptionnels.

Les tiers pouvaient avoir acquis sur la chose commune : 1° des hypothèques; 2° des servitudes; 3° un droit de copropriété.

1° *Hypothèques* (3). — Puisque le principe attributif était admis en Droit romain, l'objet licité passera entre les mains de l'adjudicataire grevé de ce droit réel (4), pourvu que le droit ait été constitué *ante litis contestationem* (5). Inutile de dire que cette règle s'appliquait à toutes les hypothèques, quelle que soit leur source.

Pour l'hypothèque des légataires, la constitution première *Comm. de legat.* déclare que l'hypothèque grève les biens de l'héritier seulement dans la mesure où il est soumis à l'action personnelle. Cette disposition, qui est en contradiction avec l'article 1017 Code civil, conduit cependant à des résultats analogues, à cause du caractère attributif que le partage avait en Droit romain. Supposons que l'hérédité se compose

---

(1) D., l. 6, *fam. ercisc.*, 10-2.

(2) V. cep. D., l. 6, 10-2, *fam. ercisc.*

(3) L'hypothèque présentait beaucoup d'analogie avec le gage. « Inter pignus et hypothecam tantum nominis sonus differt » (D., l. 5 § 1, 20-1). Ce qui sera dit de l'hypothèque s'appliquera aussi au gage, qui pouvait être constitué sur une part indivise. (D., l. 6 § 8 et 9, 10-3, *comm. div.*)

(4) D., l. 17, 41-3, *de Usurp. et usuc.*

(5) D., l. 13, 10-2 ; C. J., c. 1, *Comm. div.*, 3-36.

de deux choses ayant chacune une valeur inférieure au legs :
la part indivise de chaque cohéritier sera grevée d'une
hypothèque proportionnelle au montant de la part du legs
qu'ils doivent acquitter. Ainsi, chacun des deux objets sera
hypothéqué, avant le partage, pour le montant intégral du
legs. Si l'un des objets est adjugé à l'un des cohéritiers, celui-
ci sera tenu hypothécairement du montant intégral du legs.
La seule différence qui existe entre le Droit romain et notre
article 1017 provient de ce que l'héritier romain, tenu de
payer pour partie comme tiers-détenteur, pourra se libérer
en abandonnant la part acquise et en payant le reste du legs,
tandis que le second devra délaisser le fonds entier pour
échapper à l'action hypothécaire (1).

2° *Servitudes*. — Les textes admettant le principe déclaratif, la loi 31, *De usu et fructu legato*, admet que si un usufruit
a été constitué sur un fonds indivis, cet usufruit grèvera, après
le partage ou la licitation, non pas la totalité de la part échue
à celui qui a constitué l'usufruit, mais la moitié indivise de
chaque portion.

3° *Aliénations*. — Un copropriétaire a vendu sa part indivise avant la licitation. Distinguons deux cas :

a) La tradition n'a pas été faite avant la licitation. La propriété n'ayant pas été transférée, l'objet appartiendra pour le
tout au communiste qui l'a acquise (2);

b) La tradition est faite, un droit réel est constitué et l'acquéreur, étant copropriétaire d'une partie de l'objet, pourra
revendiquer son droit, même après une adjudication faite au
profit d'un autre que le constituant (3).

Cujas (4) admettait la même distinction. « Emptoris... qui

---

(1) Machelard, *Textes de droit romain*, 11ᵉ partie, § 73.
(2) D., I. 13 § 17, 19-1. *de Actionib. empt. et venditi.*
(3) D., l. 54, *fam. ercisc.*, 10-3. La C. 3, *comm. div.* (3-37), donne une solution
analogue ; mais il faut remarquer que *vendere* y est employé pour *alienare*,
confusion fréquente au Bas-Empire.
(4) Recitationes solemnes ad legem 13 § 17, *de Actionib. empti et venditi.*

« emit partem unius ex sociis fundi communis pro indiviso,
« longe alia ratio est, quam creditoris, vel fructuarii vel ma-
« riti : quia emptor non habuit jus in re : id est non rem emp-
« tam, sed hominem tantum, id est venditorem obligatum
« habuit. » Par conséquent, quand l'acheteur n'a qu'un droit
personnel, son droit est soumis aux vicissitudes du partage.

Si l'opération se termine par une licitation, il fait une distinction qui mérite d'être rapportée. Si le communiste vendeur n'a pas intenté l'action divisoire, il se libèrera envers
son acheteur, soit en lui livrant sa part dans le prix de la
licitation si l'objet est adjugé à un autre copropriétaire, soit
en lui livrant la totalité de l'objet s'il s'est rendu adjudicataire, à charge par l'acheteur de payer le prix de la licitation.
« ... Te partem tuam, jussu arbitri socio vendere coacto, eam
« tantum pecuniam emptori praestare debes, pecuniam vice
« partis tuae, qui quidquid hac in re egisti, coactus egisti,
« coactus venisti ad judicium communi dividundo, coactus
« vendidisti partem tuam ut socius haberet totam. »

Si c'est le communiste vendeur qui a demandé le partage et
que l'objet soit adjugé à l'autre copropriétaire, le vendeur
sera tenu de fournir la part de l'objet vendu et ne pourra se
libérer en offrant sa part dans le prix de la licitation. Si l'objet
est adjugé au vendeur, l'acheteur ne sera pas tenu de le recevoir en entier, à charge de payer le prix de la licitation (1).

Dans son commentaire sur la loi 31, *loc. cit.*, il soutient la
même théorie; seulement, il reproche vivement à Bartole
d'avoir dit qu'un droit réel ne pouvait être modifié par le partage, tandis qu'un droit de créance (par exemple la vente ro-

---

et ad leg. 31, *de Usu et usufructu per legatum datis.* (D., 31-2, t. III, p. 567 et
997, éd. de 1860.)

(1) Cujas applique le même principe au créancier hypothécaire et au mari
qui ont demandé le partage. On pourrait voir dans ces textes un germe de la
théorie de l'aliénation nécessaire et de la distinction que certains jurisconsultes
firent entre le *provocans* et le *provocatus* au point de vue du paiement des lods
et ventes.

maine) était soumis à l'événement du partage. « Cur quaeso
« divisio inter alios facta mutabit potius jus quod quis habet
« in personam ut emptor, quam jus quod habuit in rem ut
« fructuarius. » Il admet que le partage fait *inter alios* ne
peut modifier l'étendue du droit réel ; mais un partage fait
entre les communistes n'est pas, pour l'acheteur (au sens romain du mot), *res inter alios acta*, puisqu'il est l'ayant-cause,
à titre particulier, de l'un des communistes (1).

C'est ce qu'il avait déjà dit, sous une autre forme, dans son
commentaire de la loi 13, p. 17 : « ... Non tam videris partem
« pro indiviso quam tunc in fundo habebas, vendidisse, quam
« partem quam faceret tibi eventus judicii communi dividundo
« ante traditionem a socio dictati et instituti. Denique partem
« pro indiviso vendidisse videris sub incerto eventu futuri ju-
« dicii communi dividundo quod partem illam incertam, pro-
« vocante socio, forte facturus erat certam, quod nec emptor
« ignoravit fieri potuisse, partem scilicet incertam, id est pro
« indivisio, fieri certam potuisse per divisionem, id est fieri
« potuisse partem pro diviso. » N'est-ce pas la théorie du
partage déclaratif déjà formulée sur un point de vue particulier ? Il suffira d'une erreur volontaire des praticiens du seizième siècle pour étendre ce principe aux droits réels.

Les mêmes règles que nous avons déjà énoncées sont
applicables à tous les droits réels valablement constitués sur
l'objet. Cependant, nous avons à mentionner une règle spéciale
au sujet des servitudes indivisibles. Le copropriétaire d'un
fonds commun ne peut le grever d'une servitude indivisible,
*unus ex dominis communium aedium, servitutem imponere
non potest* (2). La servitude ne peut être constituée valable-

---

(1) C'est, croyons-nous, le sens qu'il faut donner au commentaire de Cujas ;
et nous ne pensons pas, comme M. Tambour (p. 48), que le grand romaniste
ait abandonné l'explication qu'il avait donnée sur la loi 13 § 17, *de Action.
empti.*

(2) L. 2, D., *de Servit.*, 8-1 ; l. 11, *de Serv. praed. rust.*, D., 8-2 ; l. 34, *eod.*
Il n'en est pas de même pour l'usufruit. (L. 5, *De usufructu*, 7-1.)

ment, même sur la portion qui appartient au communiste; car c'est un droit qui est indivisible (1).

Dans le Droit romain, un copropriétaire pouvait donc disposer de sa part comme un propriétaire. Mais il ne pouvait rien aliéner au-delà de ses droits (2), sauf s'il en disposait comme de la chose d'autrui.

Il est donc incontestable que les Romains ont considéré le partage, et à plus forte raison la licitation, comme une aliénation (3). Ont-ils connu ou tout au moins entrevu la théorie du partage déclaratif? On a voulu voir une trace de la théorie qui devait triompher plus tard (4), après de longues luttes, dans deux textes du Digeste.

La première de ces lois (5) suppose un mari qui lègue à sa femme l'usufruit de la moitié d'un fonds dont il est copropriétaire. Il s'agit certainement d'un legs *per vindicationem*, sinon il n'y aurait pas constitution de droit réel. Le partage se fait. Sur quoi l'usufruit portera-t-il? Trebatius, qui rapporte l'opinion de Blaesus, admet que la totalité de l'usufruit portera sur la part attribuée au mari. Il semble que c'est admettre une des conséquences du partage déclaratif. Cependant, nous ne le croyons pas. D'abord, nous ignorons les circonstances de fait qui ont peut-être motivé la décision de Trebatius; mais, en acceptant le texte tel qu'il est, nous croyons cependant qu'il est difficile d'admettre, avec M. Pernice (6), que Trebatius, homme pratique avant tout, avait

---

(1) L. 72 pr., D., *de Verb. obl.*, 45-1.

(2) D., l. 3 § 2, 20-4, *Qui potiores in pign.*; C. J., c. 1 et 2, 4-52, *de Communium rerum alienatione.*

(3) V. les textes déjà cités et D., l. 18 § 2, 43-17, *de Castrensi pec.*; l. 13, 12-1, *de Condictione furtiva*, l. 1 § 2, 27-9, *de Reb. eor. qui*, C. J., c. 5, 23-2, *de Fund. dot.*

(4) V. en ce sens Demangeat, *Cours de droit romain*, 1867, t. II, p. 569; Demante, *Enregistrement*, n. 704; Vallabrègue, *Rev. prat.*, 1872, t. XXXIV, p. 483.

(5) L. 31, 33-2.

(6) Labéon, t. II, p. 20; Merlin, V° *Partage*, n. 7, et Tartufari, *Archivio,*

posé le principe du partage déclaratif. Nous croyons que la décision de Trebatius est peut-être une erreur de praticien qui viole la règle *res inter alios acta aliis non noscet* (1) et qu'on ne peut affirmer, sur la foi d'un seul texte, que les Romains avaient déjà connu et mis en pratique la théorie du partage déclaratif. Si cette théorie avait été admise, même par un très petit nombre d'auteurs, il est probable que Labéon ne se serait pas servi des expressions « *Ego hoc falsum puto* » et qu'elle aurait laissé d'autres traces dans les textes du Digeste (2).

Le second argument invoqué est tiré de la loi 3, § 2 (D., 20-4, *Qui potiores*). Ce texte suppose qu'un bien indivis a été grevé d'un droit de gage par l'un des copropriétaires. Le droit de gage devant porter, après le partage, sur chaque lot, les copartageants ont stipulé que le copropriétaire qui n'a pas constitué le droit de gage pourra réclamer la moitié du lot de l'autre copropriétaire si le lot du cohéritier qui n'a pas constitué le gage n'est pas dégrevé de ce droit réel.

Il est difficile de voir, dans ce texte, une trace de la théorie du partage déclaratif. Cette loi nous indique seulement le moyen d'échapper à l'un des inconvénients du partage attributif, et rien de plus. D'ailleurs, Papinien reconnaît dans le même texte que cette convention intervenue entre les

---

1875, p. 436, admettent que le partage n'aurait pas été attributif en droit romain.

(1) Pothier (Pandectes 7, 4, 23) donne la même explication sur cette loi. « Nec « dominii mutatione quae contingit ex divisione cui fructuarius non interfuit « usufructus a mittitur. » Mais cette explication suppose que le partage est attributif, et nous ne croyons pas, comme M. Renaud (thèse, § 23), que la solution donnée par Labéon soit applicable dans notre droit, si l'on admet, avec la majorité des auteurs, que le sort de l'aliénation d'un bien indivis est soumis aux résultats du partage. — V. aussi Accarias, 1, p. 627, not. 1, éd. 1886.

(2) On invoque, contre l'opinion que nous combattons, la loi 5, § 1, D., *de Legatis*, 1o, 30. Nous ne croyons pas qu'on puisse en tirer un argument, puisqu'il s'agit d'un legs *per damnationem* (*heres dato*).

communistes ne nuira en rien aux droits du créancier gagiste.

Quoi qu'il en soit, il est certain que jamais les jurisconsultes romains ne firent aucune tentative sérieuse pour adopter
la théorie du partage déclaratif. La théorie romaine a été
considérée comme bien inférieure au principe coutumier.
Cependant, la solution du Droit romain rachetait, par sa simplicité, les quelques inconvénients qu'on lui reproche.

On prétend que le principe du partage attributif oblige un
communiste à subir les droits consentis par les autres copropriétaires (1). Il suffit d'un examen, même très superficiel, de
la théorie du partage romain pour se convaincre du mal
fondé de cette critique.

Le partage pouvait s'opérer par voie amiable (2) ou judiciaire (3). Dans le premier cas, les parties pouvaient, au
moyen de pactes, tenir compte des droits réels consentis
pendant l'indivision (4). En cas de partage judiciaire, le juge,
qui avait des pouvoirs très étendus, pouvait tenir compte des
aliénations par une répartition inégale des biens (5). Il est
vrai que, dans le système romain, les hypothèques étant
occultes, il était difficile de les connaître lors du partage;
mais c'est un défaut du système hypothécaire romain et non
de la théorie du partage attributif.

Cependant, nous reconnaissons qu'on peut faire deux criti-
ques à la théorie romaine :

1° Les droits constitués, pendant l'indivision, par l'un des
copropriétaires, portent sur une part indivise de chaque lot,
ce qui oblige chaque communiste loti à faire, avec le titulaire

---

(1) C'est l'argument que feront valoir en faveur du partage déclaratif les praticiens du seizième siècle.

(2) D., l. 35, de Pactis, 2-14; l. 36 et 38, 10-2.

(3) D., l. 1 princ., 43, 47, 52, fam. ercisc.; l. 14 et 29, comm. div.

(4) D., l. 3 § 2, 20-4, qui potiores.

(5) D., l. 6 § 8, 10-3, comm. div.; l. 44 § 2, eod.

du droit réel, un acte analogue à un partage, pour déterminer quelle est la part qui restera grevée du droit réel (1);

2° L'attribution des parts, au moyen de l'*adjudicatio*, ne permet pas au copropriétaire d'avoir une part en nature dans chaque objet composant la masse commune ; car le juge peut composer les lots en attribuant, par exemple, l'usufruit à l'un, la nue-propriété à l'autre (2). Mais n'oublions pas que c'était une tendance de la législation romaine d'accorder aux plaideurs l'équivalent de leur droit plutôt que le droit lui-même (3).

Malgré ses défauts, le système romain présentait une unité et une cohérence que nos législations modernes n'ont pas atteintes. Par une simple extension des pouvoirs du juge, les jurisconsultes romains avaient résolu une question des plus délicates avec une merveilleuse simplicité. Les controverses sur le titre commun, le caractère d'ordre public des effets du partage, le caractère des partages qui ne font pas cesser l'indivision, l'effet du partage envers les tiers, la division des créances, étaient inconnus dans le Droit romain ; car, pour les résoudre, il n'était pas nécessaire de combiner une fiction dont on ignore l'étendue avec les règles générales du droit. Cependant, nous ne croyons pas que l'assimilation du partage à une aliénation soit conforme à la réalité des faits (4).

Une aliénation suppose une transmission de droits. Or, pourquoi le communiste transmettrait-il un droit à un autre

(1) D., l. 7 § 4, *quib. mod. pignus*, 20-6 ; l. 6 § 8, *comm. div.*, 10-3 ; l. 7 § 13, *eod.*

(2) *Fg. Vat.*, § 47.

(3) V. thèse de M. Montagnon.

(4) Les auteurs modernes discutent encore sur le caractère réel du partage. Laurent, X, n. 395, Dayras, *Rev. prat.*, XLV, 1878, p. 319, Huc, V, n. 438, Le Sellyer, III, n. 1782, admettent que c'est une aliénation. Dramard, *France jud.*, 1892, 1re partie, p. 213 ; Tartufari, *Archivio*, t. xv, p. 536, le considèrent comme un acte déclaratif. Aubry et Rau, VI, § 625, note 1, p. 556 ; Demolombe, XVII, n. 264, adoptent un système mixte.

communiste : car ce n'est pas un nouveau droit qui doit être
créé, mais l'ancien droit de copropriété qui doit se transformer en droit de propriété. La raison se refuse à voir une
mutation dans l'opération par laquelle un copropriétaire se
dégage de l'indivision, puisque ce communiste a un droit réel
— *jus ad rem,* — qui est par essence absolu et ne suppose aucun intermédiaire pour l'exercer. « Aperte differt ab emp-
« tione (divisio) in eo quod neque pretium ullum in divisione
« intervenit, neque dividentium voluntas illa est ut vel
« emant vel distrahant *sed ut suum habeant,* sibique proprium
« singuli quod habebant in commune (1). » C'était certainement
la théorie admise par les jurisconsultes romains. Les textes
démontrent surabondamment qu'ils avaient adopté, au sujet
de l'indivision, une théorie analogue à la nôtre (2) et que le
partage n'a pas été considéré, par les jurisconsultes romains,
comme une véritable aliénation.

1° Un rescrit d'Antonin se sert de cette expression pour
caractériser le partage : « Divisionem praediorum *vicem* emp-
« tionis obtinere placuit (3), » ce qui prouve que le partage
est comparé et non assimilé à l'achat (4).

2° Une aliénation conserve son caractère d'aliénation envers les deux contractants; le Droit romain, au contraire, fait
toujours une distinction entre le *provocans* et le *provocatus* (5).

3° Si, pour un motif quelconque, l'aliénation d'un droit dé-

---

(1) Faber, *Codex, defin.*, 8, 3-27.

(2) Quintus Mucius ait partis appellatione rem pro indiviso significari, nam
quod pro diviso nostrum sit, id non partem sed totum esse. Servius non ine-
leganter partis utrumque significari. (L. 25 § 1; D., *de Verb. sign.*, 50-16;
v. aussi D., l. 13 § 15, *Commodati vel contra*, 13-6; l. 64 § 4, *de Evict.*, 21-2;
l. 5, *de Stipulat. serv.*, 45-3.)

(3) C. J., c. 1, *Comm. utr. judicii*, 3-38.

(4) V. aussi D., l. 34, *fam. ercisc.*, 10-2.

(5) D., l. 1 § 2 in fine, *de Reb. eor., qui sub tutela*, 27-9; l. 13, § 17, *de
Actionib. empti*, 19-1; C. J., c. *de Fund. dotali*, 5-23; l. 17, *de Praed.*, 5, 71.

terminé est interdite, les textes n'oublient pas de mentionner
le partage. Il est probable que les jurisconsultes romains
n'auraient pas pris la peine de le dire si l'assimilation du
partage à une aliénation n'avait soulevé aucun doute dans
leur esprit.

4° La loi 1 § 2 (D., *De reb. eor.*) décide que le tuteur ne peut
aliéner *sine decreto praetoris* les biens de son pupille, mais il
peut défendre à l'action en partage. Par conséquent, ce texte
ne considère pas la défense à l'action en partage comme une
aliénation, quels que doivent être ses résultats. La loi 8, Cod.,
défend au tuteur d'hypothéquer le bien indivis du pupille.
Ulpien dit lui-même que cela n'est pas contraire aux dispositions de l' « Oratio severi, ad hoc tantum pertinet ut *peri-*
« *matur communis* non ut augeatur difficultas communio-
« nis ». Ces textes démontrent que l'aliénation et le partage
d'un bien indivis n'étaient pas mis sur la même ligne.

La Novelle 112, *De litigiosis*, chap. I, distingue l'aliénation et le partage. « Harum rerum inter heredes divisio non
« debet *pro alienatione haberi.* »

Enfin, le Droit romain admettait des règles différentes dans
les aliénations, au sujet de la garantie et de la révision du
partage (1).

En résumé, *le partage fut considéré comme une aliénation.
Cependant, les jurisconsultes romains discutaient sur la nature de cet acte et avaient une tendance à ne pas attribuer au
partage tous les effets de la vente.*

(1) V. D., l. 10 § 2, 10-3 ; cf. D., l. 66 § 3, *de Evict.*, 21-2 ; l. 10 § 2, *Comm.
div.*, 103 ; D., l. 78, *Hered. instit.*, 28-5.

II

ANCIEN DROIT

———

1° Epoque barbare.

Pendant cette période, le partage conserve son caractère d'aliénation et ne se distingue pas de la licitation. Les formules de Marculphe et celles du recueil de Rozière ne laissent aucun doute sur ce point.

Ainsi, on lit dans une formule de Marculphe (1) : « Quic-« quid dici aut nominari potest aequa lance inter se visi sunt « divisisse vel exaequasse et *hoc invicem pars parti* tradi-« disse et per fistucam omnia partitum esse dixisse. » Et, dans le recueil de Rozière (2) : « Et pars contra pare suo invicem « tradiderunt et per eorum fistucam se exinde fecerunt. »

---

(1) Liv. II, form. 12. Le recueil de Marculphe est de 650.

(2) Form. 122 et 123, citées par M. Disleau (thèse, p. 99, Paris, 1884).

Il est probable que ces formules sont germaniques, puisqu'elles mentionnent l'investissement par la festuca, et que les formules précédentes parlent des Rachimbourg.

Puisque le partage se faisait par tradition réciproque, il devait produire tous les effets d'une aliénation. Par conséquent, aucun intérêt à distinguer, au point de vue des effets, le partage de la licitation. Etait-elle pratiquée à cette époque ? Nous n'avons trouvé aucun texte qui la mentionne. Cependant, la formule de Marculphe indique le partage avec soulte, et il est vraïsemblable que la licitation entre communistes était pratiquée.

Il faut arriver au treizième siècle pour trouver les origines de la théorie du partage déclaratif. C'est une question de droits seigneuriaux qui en fut le point de départ.

2° Période féodale.

Pendant la période qui s'étend des origines de la féodalité au treizième siècle, le partage fut très peu usité. Cette opération, nécessaire, dans les législations basées sur la justice et l'équité, pour attribuer à chacun ce qui lui est dû, était absolument contraire au caractère politique de la féodalité. Sans rechercher les origines de ce régime, qui n'est qu'une des phases de l'évolution des peuples (1), il nous semble qu'on peut le caractériser ainsi : Diversité de condition des biens et des personnes. Il s'ensuit que presque tous les possesseurs de terres ont un seigneur dominant. Le vassal n'est pas propriétaire de son fief, et le seigneur, dont il doit obtenir le consentement pour aliéner, n'a pas intérêt à ce que le fonds soit mor-

---

(1) Le régime féodal n'est pas particulier à la France; on le retrouve chez des peuples de races différentes, tels que les Japonais, les Egyptiens, les Bavarois, les Saxons, les Hongrois.

celé. Vers le douzième siècle, la théorie de l'indivisibilité du fief commence à recevoir une atteinte, grâce à divers systèmes, dont le plus connu est la tenure en parage (1), qui n'est pas, à proprement parler, une division du fief.

Quand le partage fut possible, on se demanda si cette opération devait être considérée comme une aliénation au point de vue des droits seigneuriaux.

Trois textes du treizième siècle démontrent que, dans certaines parties de la France, le seigneur ne put ni exercer le retrait ni exiger le droit de lods et ventes (2). Guillaume Durand (*Speculum juris*, 1296, liv. IV, partie 3, *De feudis*, § 54) considère le partage entre cohéritiers comme une exception au principe de l'inaliénabilité du fief. « Quaeritur utrum (vassali) possunt dividere et videtur quod non quia divisio vicem emptionis obtinet, et haec vera sunt *de feudis non provenientibus hereditatio jure.* » Pour l'emphythéose, il présente la question comme controversée (*De emphytensi*, § 93) : « Res « emphytentica an possit inter haeredes dividi ? Dicunt qui- « dam quod non, nam fundus vectigalis non debet regionibus « dividi, ne confundatur praestatio vectigalis, alii dicunt illud « esse privilegium fisci.

_____

(1) Le plus ancien document sur la tenure en parage est l'assise du comte Geffroie de Bretagne, qui remonte à 1183. — V. aussi Beaumanoir, *Coutumes de Beauvaisis*, t. II, ch. 47, n. 2 *in fine*, p. 247, éd. Beugnot, 1842.

(2) Les droits de lods et ventes étaient dus pour toute mutation de propriété Ce mot désignait, d'habitude, le droit de mutation dû pour les censives. Pour les fiefs, le droit qui était dû prenait le nom de *quint*. D'ailleurs, la dénomination variait avec chaque province. Ducange, V° *laudare*, attribue la même signification aux mots *equitaturas, laudimia, relevamenta, taillas, corveias*. A Toulouse, ce droit était appelé *foriscapium*. Toutes ces expressions correspondaient aux mots français lods et ventes, quint et requint, ventes et vins, lods et trezains, ventes et issues, ventes et honneurs, ventes et venteroles, ventes et gants. On les trouve mentionnés à partir du dixième siècle (D., *Rep.*, V° *Enreg.*, n. 17). Une ordonnance de 1629, art. 323 (Bosquet, V° *Lods*), les applique aux biens du domaine royal. Les lois des 4 août 1789 et 15 mars 1790 les déclarèrent rachetables ; ils furent abolis, sans indemnité, par les lois des 18 juin 1792 et 17 juillet 1793.

Le livre de Jostice et de Plaid (1) s'exprime ainsi : « Len ne rent pas los de partie commune s'il n'i a tornes, mes s'il i a tornes de tout doit len le los. »

La coutume de Toulouse (1285) consacre le même principe.

« Art. 125. — Quod si aliqui lucrentur insimul quandam « hereditatem qui lucrantes nulla alia bona habebant com-« munia preter hereditatem acquisitam et post modum ipsam « hereditatem dividant et major pars inde devenerit uni quam « alteri et ratione illius majorie solverit aliquam pecunie « quantitatem habenti minorem partem quod talis divisio « habetur pro venditione.

« Art. 126. — Item si medietas alia divisa, ut est dictum, « feudalis quod dantur inde pax domino ex quantitate pecu-« nie, inde solute ratione recompensationis ac si esset directa « venditio. »

Ces textes démontrent qu'à cette époque, et dans certaines parties de la France, les vassaux peuvent partager un fief héréditaire : 1° *sine consensu domini;* 2° sans acquitter de droits ; mais cette immunité n'est applicable qu'au partage en nature fait entre cohéritiers. Il s'ensuit que la licitation est soumise au droit commun des aliénations (2).

Au quatorzième siècle, Bartole (1314-1357) reprit la question. Dans une glose sur la loi *ex ideo* (1, 12 § 4, *De condictione furtiva*), il justifie par une théorie ce que la pratique avait déjà consacré. « Si plures habentes fundum emphytenticum com-« munem dividunt nihil omnino debetur domino, nec a pro-« vocante, nec a provocato quia qui habet fundum communem « cum alio nullo modo potest providere ut a communione « discedat, nisi per divisionem et ideo videtur alienatio neces-« saria. »

---

(1) Liv. XII, t. 13, § 3 (1259). Les deux textes que nous allons citer se trouvent dans la brochure de M. Rouard de Card, *des Effets du partage.*

(2) C'est-à-dire que, pour pouvoir liciter un fief, il faut : 1° obtenir le consentement du seigneur; 2° acquitter les lods et ventes.

Ses successeurs ont adopté une opinion analogue. Paul de Castres (1437), *Super digesto vetiri, De transactionibus par. si uni pluribus ve*, s'exprime ainsi : « Si quaeritur an possint « dividere inter se, licet in divisione fiat alienatio quare tamen « partio unius pro indiviso succedit loco portionis alterius « permittitur divisio eo casu quo prohiberetur alienatio (1).

Balde de Ubaldis (*De prohibita feudi alienatione*) et Jason, l. § 12, eod., distinguent entre le demandeur et le défendeur à l'action en partage : celui-ci n'aurait pas besoin de l'autorisa-du seigneur pour partager.

A cette époque, la théorie des aliénations nécessaires et des aliénations permises prit un grand développement et contribua à l'assimilation de la licitation au partage. Pendant cette période, les jurisconsultes essaient d'amoindrir les pouvoirs du seigneur en multipliant les exceptions au principe de l'inaliénabilité.

On admit successivement que « vassallus potest feudum « alienare in agnatum sum irrequisito domino ». De même, il fut permis de donner et de léguer les biens emphythéotiques, de céder son fief à certaines personnes *irrequisito domino*.

Pour l'emphythéose, on distingue l'*emphyteusis, cum jure accrescendi* et l'*emphyteusis nova*. L'emphythéose est dite *nova* quand elle n'a été concédée qu'à une seule personne. Elle est *cum jure accrescendi* quand elle est concédée solidairement à plusieurs personnes ou à une personne et à sa descendance.

Pour les deux emphythéoses, le partage en nature peut être fait *domino irrequisito*, car il s'agit d'une aliénation nécessaire (2). Pour la licitation, il faut distinguer : s'il s'agit d'une

---

(1) Cette opinion n'est qu'une application restrictive de la théorie de l'aliénation nécessaire.

(2) V. Bartole, in lege *qui Romae*, § *duo fratres* (l. 122, 45-1); Aretinus, *eod.;* Balde, l. *Voluntas* (l. 4), *C. de fideicommissis*. Cette théorie se trouve en germe dans les textes du droit romain. (V. D., l. 1 § 2 *in fine*, 27-2 ; D., l. 13, 10-2.)

emphythéose pourvue du droit d'accroissement, on peut faire cette opération *irrequisito domino*, car tous ses droits sont sauvegardés.

1o Le seigneur aura contre l'adjudicataire un recours personnel pour le montant intégral du canon.

2o Il ne peut pas se plaindre de ce qu'on lui a imposé un nouveau tenancier, puisque l'acquéreur était déjà son tenancier. D'un autre côté, l'acquéreur est tenu personnellement de toutes les charges et redevances établies au profit du seigneur; car il n'y a pas eu, à proprement parler, aliénation, mais plutôt abandon (*repudiatio*) des droits des communistes (1).

3o Le seigneur ne peut pas exercer le retrait, car ce droit ne s'exerce que lorsqu'il s'agit d'une vente consentie à un étranger et non d'une opération intervenue entre ses tenanciers (2).

Dans les décisions de la Chapelle de Toulouse (vers 1483) (3), déc. 75, la tendance à l'assimilation de la licitation au partage s'accentue. Ce tribunal a soigneusement distingué les deux questions que nous avons examinées :

1o *Fundum emphyteuticum possidentes communem an possint eum dividere, irrequisito domino ?*

2o *Si dividant, an debeatur laudemium domino ?*

Il conclut, en invoquant l'autorité de Bartole, que les communistes peuvent partager *irrequisito domino*. Quant aux lods, ils sont dus s'il y a partage volontaire, par exemple entre associés; au contraire, les droits ne sont pas dus en cas de partage forcé, par exemple entre héritiers.

Cependant, l'annotateur Aufrérius ajoute que le partage en nature est seul dispensé de tous droits; mais la licitation doit être considérée comme une vente (4).

---

(1) Riparius, in digestum, § *duo fratres*, n. 87.

(2) V. Fachinaeus, *Controversiarum opuus*, liv. X, ch. 49 et 50.

(3) La Chapelle de Toulouse était le tribunal ecclésiastique du métropolitain de Toulouse.

(4) Quando in divisione adjudicatio totius rei emphyteuticae fieret uni, quia

Guy, pape, qui vivait à la même époque, dispense (quest. 48) le partage des droits seigneuriaux, mais il ne parle pas de la licitation, et son annotateur adopte l'opinion de la Chapelle de Toulouse. Ce rapide aperçu suffit à démontrer que la législation du partage, au point de vue des droits seigneuriaux, a varié avec les époques et aussi avec les auteurs. Cependant, nous pouvons dire que, dès le XIIIᵉ siècle, une tendance à exempter les partages de succession et même les licitations des droits seigneuriaux, se manifeste en pratique. Les cohéritiers avaient déjà payé des droits de mutation *mortis causa* au seigneur; il eût été injuste de les soumettre à un nouveau droit pour sortir de l'indivision. La pratique avait, dès le XIIIᵉ siècle, admis cette solution pour le partage en nature.

Plus tard, la doctrine romaine, qui voyait dans le partage une mutation de propriété, aurait rendu légitime la perception de ce double droit. Les Romanistes édifièrent de toutes pièces des systèmes théoriques pour justifier une solution déjà consacrée par la pratique. Déjà, Aufrérius exempte la licitation *ex causa necessaria* du paiement des droits seigneuriaux.

Cependant, certains feudistes favorables aux seigneurs, invoquant le caractère attributif du partage en droit romain, admirent que cet acte devait être soumis aux droits seigneuriaux (1).

Un passage de d'Argentré, ainsi conçu : « La bonté et la simplicité de nos prédécesseurs ne s'y étaient pas beaucoup éveillées, souffrant en bonne part que chacun se dépêchât en cela, par grâce et concorde, à titre de partage, jusqu'à ce

---

tunc non posset fieri sine consensu domini et per consequens deberet laudimium ; secus autem quando divisio fieret pro eis partibus pro quibus emphyteutae obligati sunt ad pensionem.

(1) Camillus Borellus, *Summa*, t. 35, p. **51** ; Raynaldus, *Comprehensarium feudale par. praeterea*, n. 0. « Quia divisio similis est permutationi et imo proprie permutatio est, de illa permutatione datur laudimium. »

qu'aucuns plus avisés que prudhommes ont voulu profiter parmi les affaires de leurs voisins et ont commencé à tirer cela à titre et autres conséquences de ventes (1), » ferait croire que, dans la période précédente (c'est-à-dire vers la fin du quatorzième et le commencement du quinzième siècle) toute forme de partage ayant un caractère nécessaire était exempte de droits seigneuriaux.

Il faudrait supposer, avec M. Aubépin, que le partage des fiefs échus à titre de succession à des cohéritiers fut affranchi des droits seigneuriaux dès que la division de ce genre de bien fut possible. Ce n'est que plus tard que les seigneurs, ayant invoqué le caractère attributif de cet acte pour exiger des droits, les jurisconsultes mirent à l'épreuve leur sagacité juridique pour justifier une solution déjà affirmée en pratique.

C'est, croyons-nous, un moyen d'expliquer les divergences d'opinions entre les auteurs de cette époque. Mais cette conjecture aurait besoin, pour devenir une certitude, de s'appuyer sur des faits indiscutables que nous n'avons pu malheureusement découvrir.

Tel était l'état de la question avant Dumoulin. Nous verrons que ce jurisconsulte, qui, à l'exemple de ses contemporains, changea plusieurs fois d'opinion au sujet de cette question, parvint à faire exempter la licitation de tous les droits seigneuriaux.

3° Etat de la Question au seizième siècle.

Dans son *Traité des Fiefs* (2), Dumoulin se déclare partisan de la théorie de l'aliénation nécessaire et assimile, en prin-

---

(1) D'Argentré, *Advis sur partages nobles*, n. 40.

(2) Molinaeus, t. I, *de Feudis*, sur l'art. 33 (nouveau) de la Coutume de Paris, n. 69.

cipe, la licitation au partage. « Licet in divisione res tota uni
« adjudicetur, tamen principalis intentio fuit dividere et illa
« assignatio incipit et dependet a causa necessaria. » Mais il
apporte à son principe de nombreuses restrictions qui sont
toutes des conséquences de la théorie de l'aliénation nécessaire.

1º Ce que les jurisconsultes postérieurs appelleront le premier acte n'est pas pour lui un partage ; donc, les droits seigneuriaux sont dus (1) ;

2º L'admission des étrangers à la licitation donne ouverture aux droits féodaux et, si c'est un fief, au retrait ;

3º La licitation n'a le caractère de partage que si l'objet
n'est pas partageable.

Plus tard, Dumoulin (2) soutint son opinion devant la justice et réussit à la faire triompher.

Un cohéritier s'était rendu adjudicataire d'une censive à la
suite d'une licitation les étrangers admis. Il s'agissait d'une
censive royale. Le receveur du roi exigeait les droits sur la
totalité de l'immeuble.

L'argumentation du fisc peut se résumer ainsi :

1º La licitation étant une vente qui a porté sur la totalité
de l'immeuble, l'opération est indivisible et l'acquéreur ne
peut se soustraire au paiement des droits de vente en invoquant son droit de copropriété ;

2º La répartition du prix ne peut modifier les droits du seigneur, puisque c'est un acte postérieur qui ne peut anéantir
un droit acquis ;

3º On ne peut objecter que le propriétaire ne peut acquérir
sa chose, car il a été dépouillé de son droit par les suren-
chères précédentes, et ce n'est qu'en vertu d'une nouvelle
surenchère que le copropriétaire est resté adjudicataire de

(1) C'est aussi l'opinion de Paul de Castres *in consil.* 164.
(2) *Des Censives*, t. ii, § 78, n. 170 à 180.

l'immeuble. D'ailleurs, si l'on admettait qu'il n'y a pas eu de surenchère, il n'en est pas moins vrai que le copropriétaire, en mettant sa part en vente, s'exposait à en être dépouillé;

4° Le copropriétaire détient en vertu d'un titre nouveau, puisque le décret d'adjudication l'aurait rendu propriétaire de la totalité de l'immeuble, même s'il n'avait pas été copropriétaire.

Dumoulin soutint la défense. En matière de droits seigneuriaux, dit-il, on doit envisager plutôt le but et les effets de l'acte que les moyens employés. La totalité de l'immeuble a été mise en vente, mais l'achat n'a porté que sur une partie. L'acheteur, étant copropriétaire, ne tient sa part que de lui-même; car le copropriétaire n'a pas été subrogé aux droits des enchérisseurs précédents; il n'y a pas eu subrogation, mais éviction, et cela en vertu d'un droit propre à l'héritier. D'ailleurs, les précédents enchérisseurs n'avaient qu'une espérance qui ne s'est pas transformée en droit.

Dumoulin fut seul de son avis. La cause fut perdue en premier ressort et gagnée devant le parlement de Paris le 25 novembre 1536. Ainsi, cette juridiction admettait que la licitation les étrangers admis, qui se termine par une adjudication au profit de l'un des copropriétaires, est une opération mixte ayant le caractère de vente volontaire pour les parts acquises, de partage pour le surplus.

Dumoulin changea d'opinion une troisième fois (1). A l'occasion d'un point de fait, il examine la question en droit et pose, pour la première fois, l'assimilation de la licitation au partage en matière de droits seigneuriaux.

Dans cette affaire (2) il déclare que la licitation ne donne ouverture à aucun droit seigneurial. Il repousse la théorie romaine de l'*adjudicatio* qu'on lui oppose, en disant que le juge, n'ayant aucun droit réel sur la chose, n'a pu rien transmettre.

(1) *Des Censives,* § 78, n. 154.
(2) Elle est connue sous le nom de *procès Titius.*

Quant aux lods et ventes, ils ne sont pas dus *quia totum est divisio ;* c'est la seule raison qu'il donne (1). D'Argentré reprit l'œuvre de Dumoulin et donna plus d'ampleur à la nouvelle théorie. Lui aussi changea d'opinion. Dans la question 40, *De Laudimiis,* il n'admet pas l'assimilation de la licitation au partage, mais il abandonne bientôt cette opinion et élargit la théorie de Dumoulin, dont il répudie toutes les distinctions.

Pour lui, le partage est une aliénation nécessaire « habet « igitur divisio omnis in se inclusam alienationem..... non « est venditio cui voluntas et intentio partium non congruit « sed divisio eaque causata a necessitate » (sur l'art. 73, cout. de Bretagne).

Il assimile tous les communistes aux cohéritiers. Sur ce point Dumoulin n'avait pas donné de solution ferme.

Peu importe que la licitation affecte ou non un caractère de nécessité à cause de l'impossibilité de partager : « Non tam « spectandum an aliter necessitati divisionis parere consortes « potuerint quam si sic commodius gratius et expeditius..... « meliori sumptu fecerint dum sibi negotium gerunt in quo « non opportet dominos esse curiosiores et exploratores alieni « commercii. »

Tout premier acte est exempt de droits seigneuriaux pourvu que le cessionnaire soit dans l'indivision avec le cédant.

En résumé, d'Argentré assimile, en matière de droits seigneuriaux, la licitation au partage, à condition que l'opération se termine par une adjudication au profit d'un copropriétaire.

Le principe était formulé (2), mais il ne pénétra pas immédiatement dans la pratique. Papon (3) ajoute à l'arrêt de Du-

---

(1) Nous exposons une opinion personnelle à Dumoulin, qui ne fut pas sanctionnée par la jurisprudence dans ce procès; car il s'agissait, dans l'espèce, de savoir si un adjudicataire qui a acquis un bien indivis entre lui et son seigneur direct doit les lods et ventes.

(2) V. Coquille, *Cout. nivernais,* art. 24.

(3) Liv. XIII, titre 23, éd. de 1607.

moulin : « Mais l'observance de ce royaume est, au contraire, que de telles ventes par décret et criées sont *deus los* ordinairement. » Par conséquent, le seizième siècle ne vit pas s'éteindre les controverses sur cette question de droits seigneuriaux, qui présentait à ce moment une importance capitale. Les seigneurs disputèrent longtemps encore leurs droits, et ce n'est qu'après une longue suite d'arrêts que le principe fut définitivement établi. Nous allons voir que la mauvaise rédaction de certains articles des coutumes ranima des controverses qui semblaient éteintes.

4° Rédaction des coutumes.

On peut, au point de vue qui nous occupe, ranger les coutumes en trois catégories : 1° celles qui admettent, par un texte formel, l'assimilation de la licitation au partage ; 2° les coutumes qui n'ont pas prévu la question ; 3° les coutumes qui soumettent la soulte aux droits seigneuriaux.

On peut classer dans la première catégorie celles d'Anjou, art. 182 ; Orléans, art. 114 ; Melun, art. 124 ; Loudun, art. 14 et 28 ; Cambrai. Le type de ces coutumes est celle de Paris, sur laquelle nous allons donner quelques développements.

En 1580, lors de sa seconde rédaction, la coutume de Paris (art. 80) exempta la licitation du droit de lods et ventes. « Si l'héritage ne se peut partir entre cohéritiers et se licite sans fraude, ne sont dues aucunes ventes pour l'adjudication faite à l'un d'eux ; mais, s'il est adjugé à un étranger, l'acquéreur doit ventes (1). » La formule vague de cet article donna lieu à une

____

(1) Les articles 154, 155, 157 de la même coutume établissent le même principe à propos de matières analogues.

longue suite de procès qui se continuèrent jusqu'au dix-huitième siècle. Il serait fastidieux de faire l'histoire des discussions qui s'élevèrent sur chaque point de détail. Nous nous
contenterons d'indiquer les trois principaux défauts de cet
article :

1° On argumenta du silence de la coutume pour prétendre que la licitation n'est exempte de droits que s'il y a
impossibilité de partager en nature. Il fallait donc un rapport
d'experts pour constater cette impossibilité (1). Le parlement
de Paris n'admit pas cette prétention (2);

2° L'article 80 n'accordait l'immunité des droits seigneuriaux qu'aux licitations intervenues entre cohéritiers; on
soutint que les autres communistes n'avaient pas droit aux
mêmes prérogatives. Sur ce point, la jurisprudence décida
qu'il n'existait aucune différence entre les actions *familiae
erciscundae et communi dividundo*; car, quelle que soit la
source de l'indivision, il n'en est pas moins vrai que la nécessité de partager s'impose (3).

Ces deux imperfections provenaient du défaut de confor-
mité avec le Droit romain. Pour s'y être conformé trop scru-
puleusement sur d'autres points, les rédacteurs de la coutume
laissèrent le champ libre à une nouvelle controverse (4);

3° L'article 80 ne parle que de la licitation en justice; on en
a conclu que la licitation amiable n'est pas exempte de droits
seigneuriaux. En Droit romain, il existait une différence entre
ces deux modes de partager, car les notaires n'avaient pas le
droit de juridiction gracieuse qu'ils avaient dans les coutumes.

_____

(1) Brodeau, sur Paris, art. 80, n. 21; Coquille, *Institutes,* ch. V.

(2) Arrêts des 18 mai 1634 et 4 août 1646, rapportés par Duplessis (*des Censives,* liv. II, sect. I). Soëfve (t. II, cent. 4, ch. 49) en rapporte un du 30 juillet
1609 pour la coutume d'Etampes. V. aussi Lhommeau, sur Anjou, liv. II,
art. 282.

(3) Arrêt du 11 janv. 1607 (Louët, lettre L, ch. 9), et juillet 1586 (Louët,
eod.).

(4) V. Henrion, Encyclopédie de Diderot et d'Alembert, *Jurispr.* V° *Licitation.*

Aussi il n'y avait aucune bonne raison pour maintenir ce principe par trop étroit (1).

Un grand nombre de coutumes avaient une disposition analogue à l'article 80 de la coutume de Paris. Telles étaient celles de Melun (art. 125); Orléans (art. 113, 114); Berry (tit. VI, art. 28); Chaumont (art. 59); Etampes (art. 57); Montargis (chap. II, art. 30); Bourbonnais (art. 450); Auvergne (tit. XVI, art. 6).

Quant à celles qui ne contenaient aucune disposition, l'article 80 de la coutume de Paris était applicable. Ferrière (2) rapporte trois arrêts : les uns de juillet 1586 et mars 1587 pour Chartres; l'autre du 9 janvier 1593, pour Montargis, qui appliquent l'article 80 à des coutumes qui n'ont pas prévu la question.

Certaines reconnaissaient que les droits seigneuriaux étaient dus au cas de soulte. Parmi ces coutumes, on peut citer Blois (art. 88); Troyes (art. 36) (3); Vermandois (art. 160); Lille (art. 60); Loudun, Dunois (art. 44). D'autres n'exemptent que la soulte prise sur les biens communs. Telles sont les coutumes de Nevers (ch. 4, art. 24); Tours (art. 151); Lorris (ch. 1, art. 51); Auxerre (art. 97).

La licitation était-elle, dans ces coutumes, soumise aux droits seigneuriaux ? On décida d'abord que la licitation devait être exempte de ces droits.

1° La coutume ne l'a pas mentionnée formellement et, comme la disposition de ces coutumes, au sujet des soultes, est exorbitante, on ne doit pas l'étendre à la licitation, mais appliquer le droit commun aux autres coutumes;

2° La licitation est un mode de partage qui suppose toujours

(1) L'arrêt du 30 juillet 1640 reconnaît le caractère déclaratif à des actes qualifiés ventes. (Lapeyrière, lettre V, n. 5; Brodeau, sur l'art. 80.)

(2) Ferrière, *Compil.*, I, p. 1299, tit. II, art. 80, n. 19.

(3) Cependant, cette coutume (art. 57) soumet aux droits de vente les soultes considérables.

le paiement d'une somme d'argent, tandis que, dans le partage
en nature, la soulte n'est qu'accidentelle. Donc, il est possible
que la licitation soit soumise aux règles du partage et la
soulte aux règles des aliénations (1).

Cependant, l'opinion contraire fut soutenue et même pré-
valut à la fin de l'Ancien Droit. La licitation, disait-on, est
une sorte de partage avec soulte, car « c'est la même chose
que si, dans un partage, on donnait tout l'immeuble à un cohéritier à la charge de payer les lots des autres (2) ».

Or, dans les coutumes où le partage avec soulte et la vente
sont soumis aux droits seigneuriaux, la licitation doit y être
soumise, parce que c'est l'un ou l'autre (3).

En résumé, la plupart des coutumes (4) admettaient, à la fin
de l'Ancien Droit, que la licitation était dispensée (5) des droits
seigneuriaux. Il ne nous reste plus qu'à étudier l'évolution de
cette théorie dans le droit civil. Dans cette étude, nous négli-
gerons beaucoup de questions de détail qui ne présentent
qu'un intérêt historique, et nous nous contenterons de mettre
en relief les caractères généraux de cette théorie dans l'Ancien Droit (6).

(1) V. en ce sens Legrand, sur Troyes, gl. 2, n. 4, et gl. 1, n. 3, et arrêts de
Pâques, 1587 (Pithou, sur Troyes), 9 janvier 1593 (Brodeau, sur Paris, art. 80),
7 août 1736 (Guyot, ch. III, sect. III § 1, n. 9), 27 août 1748 (Merlin, V° Partage, § 11, n. 5).

(2) Guyot, ch. III, sect. III § 1, n. 12.

(3) V. en ce sens Guyot, loc. cit., et arrêts du parlement de Paris 8 juill. 1761
et 17 janv. 1780, rapportés par Merlin, V° Partage, § 11, n. 5.

(4) Buygnon, de Legibus abrogatis, considère comme abrogée la coutume qui
soumettait la licitation aux droits féodaux.

(5) Le droit canonique avait adopté une maxime analogue. « Neque etiam
intelligitur facta alienatio, si fratres aut alii in investitura antiqua comprahensi
inter se dividant » (bulle de Paul V, 1605-1621, § 1, Reg. Greg.).

(6) Un arrêt du 30 juillet 1640, rapporté par Lapeyrière, P., n. 28, décide
qu'un partage ou une licitation qualifiés vente sont dispensés des droits seigneuriaux. Un arrêt du 29 mai 1615 (Chartres) dispense des droits seigneuriaux
un partage entre deux légataires particuliers, l'un du mari, l'autre de la femme.
(V. Louët et Brodeau, L, IX.)

5° Effets de la licitation au point de vue du droit civil.

En matière de droits féodaux, la pratique avait devancé la théorie, et ce n'est qu'après de longues années que les Romanistes avaient essayé de justifier, par des théories plus ou moins bien adaptées à l'espèce, un résultat qui s'imposait. Il en fut de même dans le droit civil (1). La plupart des coutumes n'admettaient aucune mesure de publicité des droits réels, et la multiplicité des hypothèques qui résultaient de tout acte notarié aurait rendu impossible la constitution de la propriété divise si l'on eût admis le principe romain.

L'équité exigeait qu'un communiste n'ait pas à supporter les conséquences des actes de l'autre communiste. Pour justifier cette solution, on inventa une théorie. On faussa, pour les besoins de la cause, l'interprétation des textes du Droit romain. Plus tard, la théorie alla plus loin que la pratique ; mais, d'après les documents que nous possédons, c'est la jurisprudence qui ouvrit la voie, et la première consécration de la théorie du partage déclaratif se trouve dans un arrêt du 2 avril 1538. C'était encore une question de droit féodal qui était discutée ; mais elle se rattachait étroitement, par cer-

---

(1) Dans l'ancien droit, c'est la question des droits seigneuriaux qui tient la première place. Au point de vue du droit civil, la question n'a qu'une importance secondaire. Les jurisconsultes traitent généralement des droits seigneuriaux au titre du partage ou de la licitation, tandis qu'ils ne parlent de l'effet du partage au point de vue du droit civil qu'au titre des hypothèques. Enfin, ils recueillent soigneusement toutes les décisions rendues au sujet des droits seigneuriaux et rapportent très peu d'arrêts ayant trait aux effets du partage en droit civil.

tains points, au droit civil. Le hasard fournissait un sujet essentiellement favorable à l'éclosion d'une nouvelle théorie.

Voici l'espèce dont il s'agissait :

Une part indivise de fief a été saisie, l'immeuble entier est attribué à un autre copropriétaire que le saisi. La saisie est-elle valable ? Les praticiens répondirent négativement, et ils invoquèrent le Droit romain (1). La loi 13, § 17, *De actionibus empti*, leur fournit un argument (2). De là, ils faisaient découler tous les effets du principe déclaratif. « Judicium divisionis « intentatum post prehensionem facit eam esse in suspenso « et pendere a futuro eventu divisionis. Sentientes quod si illi « secundo genito loco sextantis indivisi fuisset adjudicata « certa portio in eodem feudo pro diviso, quod prehensio « subsisteret in illa portione, nedum prout ex nunc a tempore « divisionis sed etiam prout ex nunc a tempore prehensionis, « quasi illa portio divisa tanquam ejusdem naturae, et subro- « gata sortiatur ipso jure eamdem naturam velut ab initio « prehensa (3). »

On invoquait encore un argument d'analogie avec le cas du retrait lignager. Si l'on suppose un fonds héréditaire indivis entre un membre d'une famille et un étranger, et si, à suite du partage, le bien est attribué au lignager, le droit au retrait se trouve résolu. Si, au contraire, le fonds est acquis par l'étranger, le lignager pourra exercer le retrait sur la totalité de l'immeuble (4).

---

(1) Dumoulin, tit. I, *des Fiefs*, § 1, gl. IX, n. 43. L'arrêt est de 1548.

(2) Nous ne revenons pas sur ce texte : les explications déjà fournies suffisent pour faire comprendre tout le parti qu'on pouvait en tirer.

(3) Pour justifier cette subrogation réelle, on invoquait les lois 9 princ., *de Reb. creditis* (D., 12-1), et 78 (*de Jure dotium* (D., 23-3).

(4) Dumoulin, tit. I, *des Fiefs*, § 1, gl. IX, in Vo *pendant ladite main-mise*, n. 43. La théorie du retrait contribua pour une large part à l'évolution de la théorie du partage déclaratif. Chassenée (*Bourgogne, Retraits*, rubr. 10, § 9, n. 19 à 21), a déjà entrevu la théorie du partage déclaratif. « Et sic divisio « non est alienatio quod patet etiam feudum non potest alienari sed dividi. »

Dumoulin s'efforça vainement de démontrer que cette argumentation reposait sur une confusion entre les droits réels et
les droits de créance. Malgré sa grande autorité (1), l'opinion
de ses adversaires fut admise.

Le 6 avril 1574, la même solution fut consacrée dans un
procès où il s'agissait d'un partage en nature. « Veritas ex
« ipso divisionis quae subsequitur eventu declaratur ejusque
« effectus fictione juris ad mortem defuncti retrotrahitur. »

Anne Robert (2) rapporte que ce procès fut jugé à la suite
d'une enquête par tourbe (3), ce qui démontre une fois de
plus que la pratique devait s'être prononcée depuis longtemps en ce sens.

Anne Robert nous a conservé, au chapitre déjà cité,
une décision (4) du 6 mai 1581, où la théorie du partage déclaratif est affirmée avec beaucoup plus de netteté. Il s'agissait de
savoir si l'hypothèque consentie pendant l'indivision par un
des cohéritiers grève la part échue à suite de partage aux autres communistes. Les créanciers invoquent les mêmes raisons que dans l'arrêt précédent; on leur répond : « La maxime
est règle des jurisconsultes, est véritable que toutes les défi-
nitions et règles générales en droict sont très dangereuses à
soutenir..... L'équité semble faire croire que l'hypothèque ne

---

(1) Dans un de ses derniers ouvrages, *Notes sur Lille, sur l'article 36*, Dumoulin semble abandonner son opinion.

(2) Anne Robert, *des Choses jugées*, liv. III, chap. XIX. Cet ouvrage est ra-
rement cité par les anciens jurisconsultes. Il semble plus connu, de nos jours,
en Italie, que Louët. (V. *Archivio*, 1875, p. 551.)

(3) « L'on doit seulement user de ces tourbes quand il est question d'une
coustume ou usance ancienne gardée de tous temps et encore à présent, laquelle, toutefois, n'a point été mise au livre des coustumes des pays réformés,
ou bien s'il est mestier d'avoir l'interprétation d'une coustume ambiguë ou
obscure estant audict livre coutumier réformé, comment par usance ancienne
on a accoustumé l'entendre et usiter. » (Imbert, *Pratique*, liv. I, chap. 43, n. 9.)

(4) Cependant, Le Maistre, *des Criées*, chap. 43, cite un arrêt de la chambre
des enquêtes du 20 juillet 1591 qui aurait jugé la même question en sens
contraire; malheureusement, nous n'avons pu le vérifier.

doit pas être maintenue..... Le partage n'est pas un nouveau titre..... C'est donc l'effect du partage d'une succession commune que chaque héritier soit réputé avoir jamais plus de droits par une fiction de la loi que tout ce qu'il a pu avoir par le partage. » Aux textes du Droit romain, on oppose ceux que nous avons déjà cités au sujet de la vente. Les praticiens font une lourde erreur pour justifier leur théorie. Quant aux textes invoqués en faveur des créanciers, ils prétendent qu'ils s'appliquent à la société et non à l'indivision. Charondas (1), qui nous a conservé le même arrêt, rapporte que le créancier invoque le caractère réel de l'hypothèque, le Droit romain, le caractère d'aliénation qu'affecte tout partage. Il a, dit-il, intérêt à conserver son droit de gage sur les biens indivis, car les autres biens mis au lot du cohéritier peuvent périr ou être plus difficiles à poursuivre. Les cohéritiers prétendent que les textes romains invoqués ne sont applicables qu'au partage des sociétés et non à la division des successions. Ils invoquent aussi la nécessité du partage. « Telle est la condition des choses communes, laquelle le créancier ne peut ignorer quand il contracte avec l'un des détempteurs. Il n'acquiert l'hypothèque que sur la part subjecte à lui être baillée séparément et divisément, et celuy n'est estimé avoir autre chose que sa légitime et juste part, lequel a l'héritage qui lui est escheu par le partage fait par le juge. »

Le 20 septembre 1595, la même question est jugée de nouveau par le parlement de Paris (2).

Il s'agissait d'une licitation. La question était plus grave que dans l'arrêt précédent. Dans l'Ancien Droit, les hypothèques étaient générales, et, en cas de partage, le gage du créancier était conservé en partie. En cas de licitation,

---

(1) *Responses du Droict françois*, liv. VII, rép. 42. — V. aussi liv. XI, rép. 64, où il rapporte un arrêt du 15 février 1567 qui juge de la même façon une question analogue.

(2) Louët, lettre H, n. 9 (procès de Thomasse Pajot).

l'hypothèque disparaît complètement. Cependant, le parlement n'hésita pas à consacrer le caractère déclaratif de la licitation terminée par une adjudication au profit d'un cohéritier (1).

La cause du créancier paraissait la meilleure. Il invoquait sa qualité de tiers à l'égard du partage et le caractère réel de l'hypothèque. D'ailleurs, si l'on admettait que le partage puisse modifier son droit, il réclamait au moins le droit d'y intervenir pour sauvegarder sa créance (2). Inutile de dire qu'il invoquait les textes du Droit romain et l'opinion de tous les jurisconsultes antérieurs.

Les copartageants triomphèrent. Voici leur argumentation :

1° Ils n'ont jamais contracté avec le créancier ; donc, ils doivent être considérés comme des tiers. D'un autre côté, ils ne sont pas les ayant-cause de celui qui a consenti le droit réel. « Jus a creditore non habent nec ab ejus debitore sed a « patre communi cum quo debitor non contraxit. »

2° On invoquait contre eux l'opinion de Dumoulin, qui avait dit : « Dominus rei pro indiviso possessae dominus est et vere « dominus potuit partem suam creditori suo obligare. Hypotheca autem semel quaesita jus tribuit in re nec extinguitur. Les cohéritiers répondent par une phrase barbare (du moins elle se trouve dans Brodeau) que nous transcrivons mot à mot, car c'est l'affirmation du principe déclaratif du partage : « Qui rem pro indiviso possidet non est dominus *incommu-* « *tabilis* mêmement quando de hereditate quae in diversis « corporibus consistit agitur, mais dominus ad tempus donec

---

(1) Les Romanistes n'admettent pas la disparition de l'hypothèque. **Cujas** (liv. II, *Resp. Papinia.*) : « Non mutat causa pignoris sicut nec usucapio, nec venditio, nec alienatio ulla. »

(2) Un arrêt du parlement de Dijon du 22 novembre 1610 admit que les créanciers ne pouvaient demander le partage. (V. Bouvot, t. II, quest. 2 ; Brillon, *Dictionnaire des Arrêts*, V° *Partage*.)

« hereditatis divisio facta sit, même que, ante divisionem,
« si quid alienaverit emptor communi dividundo erit provo-
« candus. »

3° Chaque cohéritier a droit à son lot franc et libre de
toutes charges autres que les dettes de la succession. Or, si
l'on admettait la prétention du créancier, les cohéritiers
supporteraient les conséquences de l'insolvabilité de l'un
d'entre eux. Quant au créancier, s'il subit un préjudice, c'est
parce qu'il a eu le tort de prêter sur une garantie aussi fragile qu'une hypothèque sur bien indivis (1).

4° En admettant le droit de suite du créancier, on rend le
partage illusoire. En effet, il aurait le droit d'imposer un
nouveau partage pour déterminer la part divise sur laquelle
porte son hypothèque, et ainsi on reconnaîtrait plus de droits
à l'ayant-cause qu'à son auteur. D'un autre côté, les cohéritiers évincés exerceraient une série de recours qui compro-
mettraient la stabilité du partage.

5° Selon l'habitude de l'époque, on ajoutait à ces arguments
les textes de Droit romain qui traitent de la vente non suivie
de tradition d'un bien indivis.

Tel était l'état de la jurisprudence au seizième siècle. Généralement, on admet que l'origine de la théorie du partage
déclaratif a été formulée pour la première fois, et d'une façon
définitive, par l'arrêt de 1595. Nous croyons que c'est une
erreur, puisque ce principe se trouve déjà consacré dans les
arrêts rapportés par Anne Robert et par Charondas, qui justifient la même solution par les mêmes motifs.

Mais de ce que l'expression « partage déclaratif » est déjà

---

(1) En général, le créancier ne perdait totalement son droit de gage que si
le partage ne reconnaissait aux communistes aucun droit sur l'immeuble, car
l'hypothèque générale était, à cette époque, de droit commun ; ce qui fait dire
aux praticiens qu'elle est reportée par le partage sur la part de celui qui l'a
constituée. (V. en ce sens Lapeyrère, *Décisions*, lettre H, n. 38 ; Coquille,
Quest. 27 ; Chopin, *de Privilegiis rusticorum*, liv. III, chap. III.)

formulée dans ces arrêts (1), il ne faudrait pas induire que le nouveau principe est admis dans toute son étendue. Pour nous, la théorie du partage déclaratif n'est qu'un principe de circonstance destiné à faire disparaître les hypothèques constituées pendant l'indivision sur les biens qui ne sont pas tombés au lot du constituant. Les arrêts déjà cités ne tranchent que cette question. L'hypothèque consentie durant l'indivision par un des cohéritiers ne porte pas sur les biens mis au lot des autres cohéritiers ; c'est seulement sur ce point que la jurisprudence et la doctrine reconnaissent la théorie du partage déclaratif. Du Val (2), qui écrivait vers cette époque, nous a exposé une théorie générale sur le partage. Voici ce qu'il dit au sujet du partage (3) :

« Magna autem fuit dubitatio an rei communis divisio
« inter socios facta eorum creditoribus noceat... Potest autem
« quis ante judicium portionem suam distrahere et donare, et
« *traditione secuta* fit divisio cum novo possessore (l. 12, C.
« *De donationibus*, 8, 53, 54, citée dans le texte *Portionem*)
« sed quaestionis est an divisio hujusmodi praejudicet credi-
« toribus absentibus, et non vocatis. Ego puto distinguen-
« dum inter judicium familiae erciscundae, quod est univer-
« sale et communi dividundo, quod in re particulari consis-
« tit. In judicium familiae erciscundae, quod inter haeredes
« exercetur, ut dividatur hereditas, neque defuncti neque
« haeredum creditores vocandi sunt qui persequentur postea
« suas hypothecas in his rebus quae suis debitoribus obtin-
« gent ex divisione et *ita judicatum est*. Sed in judicis parti-
« culari, scilicet communi dividundo, considerandum est an

---

(1) V. Robert, *loc. cit.*

(2) Nicolas du Val, connu sous le nom de Valla, a laissé un ouvrage intitulé *de Rebus dubiis et quaestionibus in jure controversis*. La première édition de son œuvre remonte à 1583. Il est cité par Brodeau, H, IX, et par Lebrun · C'est au chap. X, § 2, qu'il nous expose la théorie du partage.

(3) Il a été fait une traduction française du *de Rebus dubiis ;* mais il faut recourir au texte, car la traduction n'est pas conforme à l'original.

« socius partem suam pro indiviso pignori dederit an pignori
« tantum obligaverit vel hypothecae supposuerit. Primo
« casu, quia pignori creditor incumbit, debet judicium cum
« ipso exerceri, vel eo vocato, cum debitore et proprietario
« alioqui, divisio non nocet ipsi creditori. Altero casu, cum
« pars indivisa pignori obligata est vel hypotecae supposita
« sub generali omnium bonorum etiam futurorum obliga-
« tione, procul dubio creditor hujusmodi vocandus non est
« isque habet hypothecam in ea parte quae debitori suo con-
« tinget et divisione Bartolus. *Qui Romae*, § Duo fra-
« tres (1), putat hoc casu divisionem cum debitore factam non
« nocere creditori qui habet jus reale, quae ratio militat etiam
« in obligatione generali. Itaque rectius dici potest valere divi-
« sionem, eamque creditorem sequi debere, sive habeat gene-
« ralem, sive specialem hypothecam. Hoc solum spectandum
« est, num fraus aliqua debitoris intervenerit. Socius enim,
« sive provocaverit, sive provocatus sit ad divisionem, igno-
« rare potuit et debuit socii sui debitores nisi pignori incum-
« bant. Igitur concludimus solum pignoratitium creditorem
« vocandum esse qui pignori incumbit, sive in judicio fami-
« liae erciscundae, sive communi dividundo. Caeteros...
« vocandi non sunt... cum propter rationes praedictas tum
« quod ex natura societatis inest ut ab ea per divisionem dis-
« cedatur, quin etiam hujusmodi alienatio videtur esse neces-
« saria, maxime si debitor fuerit provocatus ad divisionem.....
« quare incedit ex causis praedictis non potest intelligi hypo-
« theca aut pignus aliter fuisse constitutum *quam in ea parte*
« *quae postea obveniet ex divisione*, nisi ante *judicium pars*
« *illa pro indiviso creditori pignori* data sit et accepta, ita ut
« creditor pignori incumbat vel si ad instantiam ipsius ex
« causa judicati capta sit, comme s'il y avait saisie et com-
« missaires établis en cette portion (2). »

(1) D., l. 122 § 6, *de Verb. obl.*, 45-1.
(2) V. dans le même sens Le Maistre, *des Criées*, ch. 46, que nous n'avons
pu consulter, et Mornac, *loc. cit.*

Ce texte, qui nous indique quels étaient les effets du partage à la fin du seizième siècle, ne nécessite aucune explication. Cependant, nous ferons remarquer que l'auteur admet la véritable théorie romaine sur le transfert du droit de propriété indivise. Or, comment expliquer l'erreur des praticiens sur les textes de Droit romain qui traitaient de la vente non suivie de tradition des biens indivis, si l'on n'admet pas que cette interprétation fut inventée à dessein pour justifier le but que l'on voulait atteindre? Si l'on avait tiré les déductions logiques auxquelles conduisait cette interprétation, il était plus rationnel de soumettre, en vertu de ces textes, l'aliénation aux résultats du partage que de n'appliquer le principe qu'à l'hypothèque.

En résumé, nous croyons que la portée de l'arrêt de 1595 a été exagérée, puisque la jurisprudence avait déjà consacré le principe du partage déclaratif par des décisions antérieures. Cet arrêt est le premier que nous connaissions qui ait appliqué à la licitation la nouvelle théorie sur les hypothèques consenties pendant l'indivision. Mais nous n'admettons pas qu'il ait définitivement consacré la théorie du partage déclaratif, car nous verrons que le principe fut contesté bien après 1595. Nous croyons que l'importance donnée à cette décision par les anciens jurisconsultes provient du succès qu'avait eu le recueil dans lequel elle était insérée (1).

La jurisprudence était favorable au nouveau principe; la doctrine l'admit sans chercher à l'expliquer. Coquille (2) écrit : « Selon le Droit romain, l'hypothèque subsiste; mais, s'il y a vente et que, avant la tradition, il soit appelé au par-

---

(1) Le Recueil de Louët, successivement augmenté par La Rochemaillet, Brodeau et Rousseau de la Combe, eut, de 1602 à 1742, quatorze éditions. Tel ne fut pas le succès de celui de Robert, qui n'eut que cinq éditions, dont deux à l'étranger.

(2) Quest. 146. — V. dans le même sens Mornac, D., l. 7, *Quib. mod. pignus*, 20·4.

tage, le copropriétaire est quitte envers son acheteur. Si l'héritage n'a pu être divisé, il est quitte en lui donnant le prix de la licitation. » Paul de Castres, *in De l. Julianus*, etc..., dit qu'en cas d'hypothèque, le créancier a « jus in re quod « eum semel rei in ficum est eam sequitur in quascumque « manus venerit »; mais, au cas de vente, « emptor habet tan- « tum jus ad rem et venditor dominus manet et actiones ob « rem competentes solus exercet. » Toutefois, la Cour a jugé qu'après le partage l'hypothèque est transférée sur la portion divisée (1).

Le principe du partage déclaratif était donc admis. Au dix-huitième siècle, Bourjon (2) écrit à ce sujet : « Le partage a un effet rétroactif, et par conséquent remonte au moment de l'ouverture de la succession, parce que c'est un acte simplement déclaratif d'un droit acquis dès lors, et non pas un acte introductif d'un droit nouveau, ce qui lui fait produire tout son effet contre les tiers. »

Le principe du partage déclaratif semblait formulé d'une façon précise. Mais ce ne fut qu'une théorie de circonstance destinée à faire disparaître les hypothèques constituées par un autre communiste que l'adjudicataire, et qui conserva ce caractère jusqu'à la fin de l'Ancien Droit. Ainsi, les auteurs n'admettent pas toutes les conséquences de ce principe. Peleus, qui cite l'arrêt de 1595, semble adopter l'opinion de Le Maistre : « Hypotheca constituta per unum ex sociis in re

(1) V. Chopin *in Privileg. rusticorum*, chap. 3.

(2) *Droit commun de la France*, t. I, part. 2, ch. IX, sect. 3. — V. dans le même sens les motifs d'un arrêt rapporté par du Frène *(Journal des Audiences*, t. I, p. 882). Tout partage a deux effets : l'un résolutif, l'autre rétroactif. Quand le partage est fait par le moyen de l'effet résolutif, le droit qui appartient aux autres cohéritiers passe en la personne de celui-là seul à qui la chose est échue. L'autre effet est rétroactif par le moyen duquel ce qui est advenu par le partage à un des héritiers est considéré comme s'il l'avait possédé du moment que la succession est échue. — V. aussi Lebrun, *Traité des successions*, liv. 6, ch. I, n. 35; Sudorium, liv. 2, *Disputationum*.

« communi non extinguitur, » et il rapporte un arrêt du 20 juillet 1591 qui a jugé ainsi (1).

Dans le même ouvrage (2), il admet que l'héritier peut valablement aliéner la portion indivise qu'il pouvait avoir en un corps singulier de la succession commune non encore partagée définitivement, et il cite un arrêt du 7 février 1602 qui a jugé en ce sens. Nous reconnaissons que dans le texte de l'arrêt il y a une contradiction provenant d'une erreur de copiste (3). Cependant, on peut remarquer qu'aucune des deux parties n'a invoqué les textes romains traitant de la vente d'une chose indivise non suivie de tradition, ce qui démontre une fois de plus que la théorie du partage déclaratif n'a pas son origine dans une erreur d'interprétation, mais dans une nécessité pratique (4).

Despeisse (5) rapporte un arrêt du parlement de Paris, du 7 février 1602, qui confirme la vente faite avant le partage de la moitié d'une maison indivise. Enfin, en 1743, un arrêt du Châtelet (6) admettait la validité de l'hypothèque consentie par le communiste lorsque le bien est attribué à un autre copropriétaire. Enfin, les auteurs ne traitent jamais la question au point de vue général. C'est à propos des hypothèques

(1) Peleus, *Actions forenses*, liv. III, 49. Il cite Sudorium, liv. II, *Disputationum*.

(2) Liv. V, 17. — V. aussi liv. 8, 53.

(3) Il serait peut-être possible de faire disparaître cette contradiction en vérifiant le texte des autres éditions. Nous nous sommes servi de celle de 1612, qui est la quatrième.

(4) Le président Favre (*Codex Fabrianus,* liv. 8, tit. 11), rapporte une décision du mois d'août 1588 du sénat de Chambéry qui reconnaît au créancier le droit de faire vendre la portion indivise de meubles qui appartient à son débiteur.

(5) *Des Contrats,* part. 1, *de la Société,* sect. 2, n. 16. — V. aussi Leprêtre (cent. 4, ch. 3). Le premier invoque le droit romain en faveur de son opinion. Au contraire, Lebrun (*des Successions,* liv. IV, ch. 1, n. 27), et Basnage (sur l'art. 360 Normandie), soumettent l'aliénation aux résultats du partage.

(6) Denisard, V°, partage.

qu'ils abordent le sujet et non à propos du partage, ce qui prouve que le caractère déclaratif du partage est resté, même après l'arrêt de 1595, une théorie de circonstance. Plus tard, les jurisconsultes du dix-septième siècle en feront une plus large application, mais des controverses s'élèveront au sujet de la portée de ce principe.

En matière féodale, Guyot admet encore la théorie de l'aliénation nécessaire. Hervé (1) invoque la saisine.

Au point de vue du droit civil, les auteurs sont en désaccord. Pothier (2), pour ne citer que les plus célèbres, soutient que la théorie du partage déclaratif est plutôt une réalité qu'une fiction, tandis que Domat (3) lui attribue tantôt le caractère d'une vente, tantôt celui d'un échange.

Au point de vue de l'étendue du principe, la même incertitude règne. Bourjon (4) admet qu'on doit s'en rapporter aux opérations du partage pour déterminer les droits des ayant-droit (les tiers). Lebrun (5) croit que l'effet déclaratif ne se produit qu'entre les copartageants. Pothier (6), au contraire, admet un système mixte.

Ainsi, à la fin de l'Ancien Droit, la théorie du partage déclaratif soulevait bien des controverses qui se perpétueront après la rédaction du Code civil.

(1) *Théorie des matières féodales*, t. 2, p. 27. — V. aussi Lebrun, *Successions*, IV, ch. 1, n. 24.

(2) *De la Vente*, 631-640; *des Successions*, ch. 4, art. 5 § 1.

(3) L. civ. I, t. 4, sect. 1, n. 2 et 3; l. 3, n. 15.

(4) Droit commun de la France (*de la Communauté*, ch. 2, sect. 4, dist. 3, n. 66 et 69).

(5) *De la Communauté*, liv. 1, ch. 5, sect. 2, dist. 1; n. 40, 43, 78, 80. — V. aussi Valin, sur la Rochelle, art. 48 § 2, n. 7.

(6) *De la Communauté*, part. 1, ch. 2, n. 100, et part. 4, ch. 1, n. 629, 630. — V. aussi Renusson, *de la Communauté*, part. 1, ch. 3, n. 4, 5, 15, 16.

6° Du premier acte.

Nous avons déjà dit (page 25) que Dumoulin ne considérait pas le premier acte comme exempt de droits seigneuriaux. D'Argentré, au contraire, l'assimilait à un partage. La pratique admit, au dix-septième siècle, que la licitation faite entre communistes n'en avait pas moins le caractère de partage. Un arrêt du 5 août 1619 (1) jugea, dans la coutume du Bourbonnais, que les droits seigneuriaux n'étaient pas dus pour une cession faite par un copropriétaire aux autres copropriétaires. « Les héritiers qui arrivent à une succession ont un acte nécessaire à faire, c'est le partage, le but principal, et le premier acte qu'ils passent a toujours cet objet (2). » Guyot cite un arrêt du 27 mars 1730 qui décide que le retranchement d'un associé n'opère pas mutation : 1° parce que *la renonciation* à une société n'est pas une vente (3); 2° il n'y a pas eu mutation de propriétaire, mais diminution du nombre des copropriétaires; 3° les anciens copropriétaires, étant déjà les hommes du seigneur, n'ont pas à payer de droits, puisqu'ils n'ont fait que continuer leur possession et n'ont rien acquis par le désiste-

(1) Cité par Brodeau, Coutume de Paris, art. 80, n. 12.

(2) Livonière, *Traité des fiefs*, liv. 3, ch. 6, sect. 6. « ... Si ces traités ne sont pas des partages, ce sont des dispositions préparatoires au partage qui, sans cela, seraient difficiles à consommer. »

(3) *Des Licitations*, ch. 3, sect. 4. Cet arrêt n'est peut-être pas très concluant, car l'espèce se compliquait d'une question de société. Cependant, il n'en est pas moins vrai qu'une simple diminution du nombre des copropriétaires n'emporte pas mutation, « parce que celui ou ceux des communs qui restent propriétaires avaient *totum in toto et totum in qualibet parte.* »

ment des coassociés (1). L'acte ne bénéficierait pas des immunités du partage s'il était fait quand l'indivision a cessé. Après le partage, les parties, n'étant plus en état d'indivision, « il ne subsiste plus entre elles aucune nécessité de vendre, aliéner et contracter ».

Si un copropriétaire a cédé sa part à un étranger, la nature de l'acte dépendra de la qualité de l'adjudicataire.

1° Le cessionnaire est adjudicataire : l'acte final ne produit pas l'effet déclaratif, et les droits sont dus pour les portions acquises, sinon il suffirait, pour ne pas payer de droits en acquérant un immeuble, de se faire céder une part très minime du fonds, puis de se rendre adjudicataire. On essaie aussi de justifier cette solution en disant que les copropriétaires *ab initio* ont déjà payé les droits lorsqu'ils ont acquis la copropriété, tandis qu'il n'en est pas de même du cessionnaire (2).

2° Un des copropriétaires *ab initio* se rend adjudicataire : l'opération est un partage, car on ne peut lui faire subir les conséquences d'un acte fait par un tiers. « Il est absurde de lui faire payer des droits pour un acte qu'il était en droit de faire et qu'il n'a pas été maître de ne pas faire avec l'acquéreur du cohéritier. » (Guyot, *loc. cit.*)

La nature de la licitation change donc selon que l'adjudicataire était ou non copropriétaire en vertu d'un titre commun.

Mais qu'est-ce qu'un titre commun ? Pour ceux qui sont en

---

(1) Un arrêt du 4 février 1728 a jugé que le copropriétaire, en vertu d'un titre commun, qui achète successivement les parts de ses copropriétaires, est exempt de droits seigneuriaux (Guyot, *eod.*, § 4). — V. aussi Lebrun, 4, ch. 1, n. 56.

(2) Brodeau, sur l'article 80 de la coutume de Paris, arrêt de Genti. — V. dans le même sens arrêts des 3 mai 1730, 6 mars 1734, 24 juillet 1736. Un arrêt de la Temporalité avait jugé le contraire, parce que : 1° la fraude était impossible dans l'espèce ; 2° il n'y avait pas à distinguer entre le copropriétaire et l'acquéreur intermédiaire, tout acquéreur étant dans les droits de son vendeur. — Guyot, *eod.* — *Analyse raisonnée du droit français,* G..., p. 185.

état d'indivision forcée (communauté, succession), la question est facile à résoudre. Tous ceux qui détiennent en cette qualité sont associés *primario ab initio*. Mais, s'il s'agit de copropriétaires ayant acheté l'immeuble, quand seront-ils copropriétaires en vertu d'un titre commun ?

Nous ne trouvons pas, sur ce point, de principe général. Le titre commun suppose-t-il l'acquisition par un seul et même titre, ou suffit-il de posséder le premier titre qui ait réellement créé l'indivision ? C'est vers cette opinion que semble pencher Guyot ; mais ses explications sont si embrouillées qu'il est impossible de deviner sa pensée (1).

7° Effets de la licitation dans le droit écrit.

Dans les pays de droit écrit, le partage fut, dès l'origine, affranchi des droits seigneuriaux. Les premiers textes qui permettent au vassal d'aliéner le fief appartiennent au droit écrit. C'est aussi dans le droit écrit que naquit la théorie de l'aliénation nécessaire. Enfin, le premier jugement qui dispense la licitation des droits seigneuriaux a été rendu en pays de droit romain.

---

(1) Presque tous les auteurs de cette époque procèdent par voie d'énumération. Poullain du Parc (*Principes' du droit français*, liv. 2, ch. 2, *des Fiefs*, sect. 12, n. 342 2°, t. 2, p. 257), admet que si deux copropriétaires *ab initio* ont vendu, par deux contrats séparés, leurs portions indivises à deux étrangers, ceux-ci deviennent associés entre eux par des titres égaux, puisque leurs titres sont des contrats de vente. Sudre (*des Licitations*, chap. 3, § 4, n. 4) nous apprend que certains auteurs distinguaient si l'acte avait été passé entre tous les communistes ou si l'un d'eux n'avait fait que céder sa part à un autre.

Les jurisconsultes postérieurs admirent la théorie de l'aliénation nécessaire avec toutes ses conséquences. Rebuffe (1), professeur à Montpellier, exempte la licitation de tous droits seigneuriaux : « Si is qui habet partem alteram ex « licitatione emat non tenetur laudimium solvere ex illa parte « quia ex necessitate res vendita fuit. »

Soulatge (2), sur les articles 123 et 124 de la coutume de Toulouse, exprime la même idée. L'opinion commune... a admis que dans tous les cas (en cas de licitation comme en cas de partage) les droits ne sont pas dus par la raison que tous associés et copropriétaires sont également favorables, l'objet des uns et des autres étant toujours le même *a communione discedere et non vendere* (3).

Il semble que la théorie du partage déclaratif n'aurait pas dû pénétrer dans les pays de droit écrit, puisqu'elle était en opposition formelle avec le Droit romain. Bretonnier (4) écrit, en parlant de la théorie du partage déclaratif : « J'ai de la peine à croire que la même jurisprudence y soit observée, parce que, suivant la disposition du Droit romain, il est dit expressément que le partage fait entre cohéritiers ne change point l'hypothèque des créanciers, » et il fait remarquer que Lapeyrère, qui considère le partage comme déclaratif, ne cite que des auteurs coutumiers. D'après Bretonnier, le principe du partage déclaratif ne serait admis que dans la partie des pays de droit écrit soumis à la juridiction du parlement de Paris.

(1) *Commentaria in consuetudines seu ordinationes regias* (de. *Subhastationibus*, art. 78).

(2) Tit. 7, p. 401. — V. aussi François, Obs. sur les Coutumes de Toulouse, tit. 5, ch. 12 ; Olive, *Questions notables*, p. 336.

(3) V., pour la coutume de Bordeaux, Lapeyrère (*Décisions*, lettre V, n. 5); Automne (*Coutume de Bordeaux*, art. 78); pour le Dauphiné, Guy Pape (Q. 48); pour l'Auvergne, Publicius Aymo (*Consuetudines*, tit. *Achapt*, art. 6).

(4) OEuvres d'Henrys (liv. 6, ch. 5, quest. 37, t. III, p. 849). — V. aussi Tillard (*des Actes dissolutifs de communauté*, p. 186).

D'Héricourt (1) professe la même opinion : « Pour se déclarer en pays de droit écrit contre les lois qui ont été insérées dans la compilation du Digeste, il faudrait prouver qu'elles ont été abrogées par un usage contraire. »

Cependant, tous les auteurs de droit écrit qui traitent la question attribuent le caractère déclaratif au partage (2). Mais il faut reconnaître, avec Bretonnier, que ces auteurs ne citent que des jurisconsultes ou des arrêts des pays de coutumes, ce qui fait que la question semble très douteuse.

Cependant, un arrêt rapporté par Expilly démontre que la question était ainsi jugée au parlement de Grenoble dès 1587. L'arrêt est très peu explicite, il est vrai : « Le 4 juin 1587, fut dit par arrest que les obligations faites par un frère vivant et habitant avec l'autre par indivis et en société tacite ne pouvaient être exécutées sur les biens communs, ains seulement sur la part du débiteur, bien que la dotte de la femme de l'un des frères eust été employée en commun. » Après quoi, il renvoie à Anne Robert. Malgré sa brièveté, cet arrêt suffit à démontrer que le principe du partage déclaratif fut admis en droit écrit presque en même temps que dans le droit coutumier.

8° Effets de la licitation dans les pays de nantissement.

Les coutumes de nantissement soumettaient les aliénations à certaines formalités appelées *vest* et *dévest*. Le partage en-

---

(1) *Traité de la vente des immeubles par décret*, ch. 11, sect. 2, 45, p. 258.

(2) Automne, *Conférence* ad tit. « Quib. modis pignus », p. 163, éd. de 1615; Lapeyrère, lettre H, n. 38; François, sur les coutumes de Toulouse, tit. 20; Despeisse, part. 1, « de la Société », sect. 2, n. 15.

tre cohériters n'était pas soumis à cette formalité. Ainsi le décidaient les coutumes de Cambrésis (1) et de Lille (2).

Par conséquent, ces coutumes admettaient le caractère déclaratif du partage. Mais, si le créancier qui a une hypothèque sur des biens indivis s'est fait nantir, le partage ne pourra nuire à son droit. Ainsi il fut jugé, le 6 septembre 1608 (3), « pour ce que, par le nantissement, le créancier était comme mis en possession de la chose qui lui était affectée, laquelle ne pouvait lui être ôtée par les partages auxquels il n'avait point été appelé; qu'alors qu'il s'est fait nantir, le quart par indivis appartenait à son débiteur et qu'il avait pu fort bien se nantir sur icelui... Le cohéritier se doit imputer de prendre ce quart par indivis, car il pouvait *savoir qu'il était hypothéqué en allant au greffe du lieu où était le fonds* (4). »

9° Droits fiscaux.

Après de longues luttes, les praticiens finirent par attribuer à la licitation le caractère déclaratif. Dans la législation fiscale, au contraire, la licitation conserva le caractère d'aliénation.

---

(1) Tit. 14, art. 1er. Les droits seigneuriaux ne sont pas dus. (V. arrêts cités par Ferrière, *loc. cit.*

(2) Tit. 2, art. 59. La coutume de Valenciennes (art. 150) admettait un principe contraire; mais cette disposition n'était pas applicable aux coutumes voisines : ainsi l'avait jugé le Conseil souverain de Mons les 13 juillet 1679 et 26 fév. 1711. (Merlin, V° « Nantissement », § 1, n. 6.;

(3) Dufresne ou du Frêne, *Journal des Audiences*, liv. 1, ch. 7; Cf. du Val, *de Rebus dubiis*, 10, 2.

(4) Le régime hypothécaire de 1771 n'oblige pas les héritiers à prendre des lettres de ratification pour le partage. (Merlin, V° « Partage », 7.)

A la fin de l'ancien régime, les actes étaient soumis à deux sortes de droits : le droit de contrôle et le droit d'insinuation.

Droit de contrôle. — Le contrôle des actes remonte aux édits de juin 1581 et mars 1693. Il fut institué pour empêcher les antidates et les suppositions de titres.

Deux arrêts du Conseil des 22 août 1694 et 11 janvier 1695 ordonnèrent que les partages de meubles ou d'immeubles faits pardevant les officiers publics seraient contrôlés dans la quinzaine qu'ils auraient été clos (1). Si le partage était fait par acte sous seing privé, l'acte devait être contrôlé avant d'être présenté en justice (2).

Le droit de contrôle est perçu sur la totalité des biens qui ont fait l'objet de la licitation, car cette opération est un mode de partage, et ce droit est dû sur la totalité des biens (3).

Le droit doit être payé sur le pied de la valeur des biens sans aucune distraction de dettes passives (4). Quand la licitation doit nécessairement être faite en justice, par exemple quand l'un des copropriétaires est mineur, elle n'est pas sujette au droit de contrôle, puisque c'est un acte judiciaire que les parties n'ont pu faire valablement devant notaire (5).

Centième denier. — L'insinuation destinée à publier les transferts de propriété devint obligatoire en vertu d'un édit de 1703, complété par le tarif du 22 décembre 1703.

(1) Ces dispositions ont été réitérées par l'article 2 de la déclaration du 19 mars 1696 et par l'article 8 de celle du 14 juillet 1699.

(2) V. Renaud, thèse Dijon 1874, § 41 ; Merlin, Vo Licitation, § 5, n. 1.

(3) V. décision du Conseil du 13 juillet 1737 qui réforme une décision de l'intendant de Bourgogne, ayant décidé que ce droit n'est dû que pour les parts acquises.

(4) Décisions des 17 mars 1742, 4 juillet 1753, 6 juin et 22 juillet 1754. (V. Bosquet, *Dictionnaire des Domaines*, Vo « Partage ».

(5) Seuls, les actes et jugements où le ministère du juge est nécessaire sont exempts du droit de contrôle, tandis que ceux qui peuvent être faits devant notaires doivent être contrôlés dans la quinzaine, quoique faits en justice. — Un édit de François Ier, de 1542, avait défendu aux juges de recevoir les contrats.

En cas de licitation, si un étranger se rend adjudicataire, le centième denier est dû sur la totalité du prix de l'objet.

S'il s'agit de biens provenant aux héritiers en ligne directe à titre successif, le centième denier n'est dû que pour les portions acquises par la licitation (1).

Cependant, si le prix de la licitation est payé en moins prenant, le droit n'est pas dû, puisque rien n'est acquis.

Si c'est un cessionnaire de droits indivis qui se rend adjudicataire de la totalité de l'immeuble, les droits ne sont dus que pour les nouvelles parts acquises (2).

(1) Au point de vue fiscal, tout changement fait entre cohéritiers emporte mutation de propriété. Les agents du fisc, se fondant sur la lettre de l'édit de 1703, exigèrent le droit sur la totalité du prix ; mais cette prétention fut condamnée par de nombreux arrêts (23 juin 1731, 16 janvier 1734, 19 fév. 1737, 15 fév. 1738, 10 juillet 1745, 11 mars 1753, 29 juillet 1756).

(2) Décision du 15 sept. 1731. — *Dictionnaire des domaines* (1775), Vo « Licitation ».

DEUXIÈME PARTIE

Effets de la licitation sous l'empire du Code civil.

I

GÉNÉRALITÉS

L'article 883 (1) assimile, dans certains cas, la licitation au partage et lui attribue les même effets (2). Malheureusement, ce texte consacre un principe abstrait sans indiquer les solutions pratiques ; c'est ce qui explique les discussions sans nombre qui se sont élevées au sujet de la portée de cet article.

L'article 883, disent les uns, consacre une fiction dont

----

(1) Cet article a été emprunté presque textuellement à Pothier (*des Successions,* ch. 4, art. 5 § 1).

(2) Le projet de la commission du Gouvernement, de l'an VII, n'avait pas mentionné la licitation dans la rédaction préliminaire de l'article 883. Ce n'était qu'une simple omission, qui a été réparée sans difficulté. (V. Fenet, 2, p. 157, art. 204 du projet.)

l'application doit être restreinte à ses plus étroites limites, puisque c'est une dérogation au droit commun. Ce principe n'a été introduit dans notre droit que pour soustraire les biens qui composent le lot d'un communiste aux droits réels constitués par un autre copropriétaire, et l'on ne doit pas l'appliquer en dehors de l'hypothèse pour laquelle il a été fait (1).

D'autres, au contraire, ne reconnaissent pas qu'il soit légitime de faire une distinction quand le texte n'en fait pas. Ce principe n'est pas, à proprement parler, une fiction, car le législateur n'a pas besoin de feindre, puisqu'il peut ordonner, et l'on ne doit pas argumenter de la forme de l'article 883, qui n'est qu'une reproduction des habitudes des anciens jurisconsultes, pour attribuer une portée restreinte à ce principe (2).

Les raisons invoquées en faveur de l'une ou l'autre de ces deux théories ne sont pas convaincantes. La question divisait les anciens jurisconsultes, et aucun indice ne vient nous révéler quelle a été la pensée des rédacteurs du Code. Aussi, nous n'essaierons pas de donner une solution à ce sujet, car nous ne trouvons aucune raison décisive en faveur de l'une ou de l'autre opinion. D'ailleurs, à quoi bon se prononcer, puisque la solution de cette question n'aboutit qu'à une vague affirmation impuissante à résoudre les innombrables difficultés de la matière ? Est-il possible, en attribuant à la fiction de l'article 883 une portée plus ou moins étendue, d'en dégager un principe qui, combiné avec les règles du droit commun, donnera des solutions certaines sur toutes les questions ? Nous ne le croyons pas, car la base sur laquelle s'appuient

(1) V. en ce sens : Dutruc, *Traité du partage*, n. 14 ; Tillard, *des Actes dissolutifs de communauté;* Duquaire, *Rev. crit.,* 1853, t. III, p. 806; Huc, V, n. 438; Dayras, *Rev. prat.,* 1878, p. 319.

(2) V. en ce sens: de Valroger, *Rev. de droit français,* t. 7, p. 120 ; Dramard, *France jud.,* 1892, part. 1, p. 213 ; Demolombe, XVII, n. 314. De même, Aubry et Rau (VI, § 625, n. 1, p. 556), Bertauld (I, n. 299), admettent un système mixte.

ces théories est trop fragile. Il faut essayer de trouver une formule ou tout au moins une sorte de procédé mécanique basé sur le texte même de l'article 883, qui servira en quelque sorte de mesure au principe du partage déclaratif. Nous n'avons pas la prétention de résoudre ainsi toutes les difficultés dont cette matière est hérissée. Nous essayons seulement de déterminer la portée de l'article 883, sans croire cependant que la voie dans laquelle nous nous engageons vaille mieux que les sentiers battus.

L'article 883 est ainsi conçu : « Chaque cohéritier est censé avoir succédé seul et immédiatement à tous les effets compris dans son lot, ou à lui échus sur licitation, et n'avoir jamais eu la propriété des autres effets de la succession. »

Cet article a pour but de faire disparaître les effets de l'indivision. Pour l'atteindre, il édicte une règle spéciale que nous formulons ainsi : *Le communiste qui reçoit un bien indivis dans son lot ne doit pas être considéré comme l'ayant-cause* (1) *des autres communistes.* Il s'ensuit que les titulaires des droits réels consentis durant l'indivision par l'un des copropriétaires n'ont pas la qualité de tiers (2) envers les communistes jusqu'au moment du partage, et que le sort de leur droit sera lié à celui de leur auteur. De là, nous en déduisons cette seconde règle qui n'est qu'un corollaire de la première : *Les titulaires des droits consentis par l'un des communistes pendant l'indivision sont les ayant-cause de celui-ci jusqu'au moment du partage.*

---

(1) Pendant tout le cours de cette étude, nous emploierons l'expression d'ayant-cause (*qui causam habet ab alio*) par opposition à celle de tiers. L'ayant-cause sera celui qui est investi de droits qui *proviennent* d'une autre personne. Les droits de l'ayant-cause peuvent être synthétisés dans ces deux maximes : « Nemo plus juris ad alium transferre potest quam ipse habet » (l'ayant-cause ne peut avoir plus de droits que son auteur). « Resoluto jure dantis resolvitur jus accipientis. »

(2) Ce mot sera toujours employé dans cette étude avec le sens qu'on lui attribue dans la loi de **1855**.

Le principe déclaratif attribue donc un caractère *sui gene-ris* (1) au contrat de partage, puisqu'il détruit l'indivision dans le passé comme dans l'avenir, et il en résulte que le droit du communiste n'est plus, à proprement parler, un droit réel portant sur un objet déterminé, mais plutôt un droit indéterminé dont le partage fixera l'objet.

Cette distinction n'avait pas échappé aux anciens jurisconsultes. « Auparavant le partage, les cohéritiers n'étaient point tant seigneurs et propriétaires des biens héréditaux par indivis qu'ils demeuraient incertains quels biens ils pouvaient. avoir en propriété dont ils se pourraient dire seigneurs. La vérité en est connue par l'événement du partage qui s'en est ensuivi, l'effect duquel, par une fiction de droict, a un effet rétroactif au temps de la mort du deffunct. » Ainsi s'exprimait le traducteur d'Anne Robert (2) à une époque où la théorie du partage déclaratif n'était pas encore sortie des limbes de la controverse. Ce qui était vrai alors l'est encore aujourd'hui. Le communiste n'a pas, durant l'indivision, un droit ferme sur la masse indivise, mais un droit à une valeur fixe, valeur dont l'objet sera déterminé par le partage ou la licitation.

C'est avec ces principes que nous nous proposons de résoudre un grand nombre de questions de détail. Nous aurions renoncé à cette tentative si nous avions obtenu des solutions contraires à celles que la jurisprudence et la doctrine ont consacrées.

Nous n'avons pas abandonné cette théorie parce que ces deux règles, qui ne sont que l'interprétation de l'article 883, donnent des solutions contestables, il est vrai, mais dont la plupart sont admises par la doctrine et la jurisprudence. D'ailleurs, cette théorie présente l'avantage d'appliquer, — comme nous le verrons dans la suite, — les mêmes règles aux

(1) Demolombe, 17, 264.
(2) *Des Choses jugées*, 3, 19, trad. Tournet.

communistes et aux ayant-droit, c'est-à-dire qu'elle attribue
un caractère unique aux effets du partage.

Pour étudier les effets de la licitation, nous aurons à combiner ces deux règles avec les principes propres aux aliénations, car cet acte est à la fois une aliénation et un partage.
Sa forme extérieure présente tous les caractères d'une aliénation, puisqu'elle suppose le concours de valeurs et aussi de
personnes étrangères à l'indivision. C'est encore une aliénation puisque l'adjudicataire, quelle que soit sa qualité, acquiert
tout ou partie de l'objet en payant un prix. Malgré cela, la
licitation est aussi un partage, quel que soit l'adjudicataire,
puisque cet acte est un contrat qui a pour but de faire cesser
l'indivision ou tout au moins de faciliter le partage. Quand
un communiste se rend adjudicataire, la fiction de l'article
883 enlève à l'opération le caractère d'aliénation qu'elle
devrait conserver pour les parts acquises et lui donne celui
de partage. Enfin, quel que soit le résultat de l'adjudication, l'opération aura, par rapport au prix, le caractère de
partage, puisque, selon les uns, la licitation résoudra l'indivision en faisant naître une créance qui se divisera *ipso jure;*
selon les autres, cette opération sera un acheminement vers
l'indivision, car elle substituera une valeur essentiellement
divisible à un objet qui peut être indivisible.

Dans quelle mesure cette opération produira les effets
d'une aliénation ? Dans quelle mesure produira-t-elle les
effets d'un partage : telle est la question que nous essaierons
de résoudre (1) ; mais, avant d'entreprendre cette étude, exa-

1) Nous passerons sous silence quelques controverses qui furent discutées et
définitivement résolues dès le commencement du siècle. 1° On discuta pour
savoir si la licitation les étrangers admis a le caractère de partage. La Cour de
Toulouse (12 fév. 1846, D. 46, 2, 94), admit la négative; *contra* Douai, 2 mai
1848, S. 49, 2, 184 ; 2° la licitation amiable produit-elle les mêmes effets que la
licitation judiciaire? Voir, pour l'affirmative, Cass., 29 mars 1854, S. 56, 1, 49.
Dans ces dernières années, la Cour de Grenoble a eu à trancher cette question
(20 janv. 1893, S. 93, 2, 265 ; voir Demolombe, XVII, n. 278). — La licitation d'un

minons rapidement comment la question a été résolue dans les législations modernes.

Le principe coutumier n'a pas pénétré dans toutes les législations. Les unes ont conservé la théorie romaine, les autres ont adopté la théorie coutumière. D'autres, tout en adoptant l'un ou l'autre de ces systèmes, ont essayé de trancher les difficultés que soulève le partage en réglementant l'indivision.

Parmi celles qui ont adopté le principe déclaratif, nous pouvons citer la Belgique (art. 883), Monaco (art. 751), les Pays-Bas (art. 1128), l'Italie (art. 1034), le Japon (art. 106 et 155) (1), Haïti (art. 713 et 641), la Bolivie (art. 893).

Le Code badois admet le même principe. Le Code prussien ne permet aux héritiers d'exercer des poursuites qu'en commun pour le paiement des dettes de la succession (2).

Le Code du Portugal ne contient aucune disposition spéciale au sujet du partage, mais les articles 896 et 1555, qui traitent des droits réels consentis par le propriétaire sous condition, s'appliquent au partage (3) et consacrent l'effet déclaratif.

Dans le Code péruvien, l'indivision et le partage font l'objet d'un titre spécial : les créances se divisent de plein droit, mais le partage est déclaratif.

Parmi les législations qui ont conservé le principe romain, nous pouvons citer :

L'Autriche (art. 815 et 829) (4), mais l'héritier n'est

---

objet qui n'est pas impartageable produit-elle l'effet déclaratif? Toullier (IV, 593) admettait la négative.

(1) L'article 106 se trouve au titre des sociétés, et ce Code a essayé de réglementer l'indivision. — V. Boissonade, *Projet de Code civil japonais*, t. I, n 25, sur l'article 15 du projet.

(2) Ces deux Codes sont en vigueur jusqu'en 1900.

(3) De la Grasserie, *Traduction du Code portugais*.

(4) Trad. Foucher. — V. aussi de Clercq, art. 829 et 845. Ce Code réglemente l'indivision.

saisi que par l'envoi en possession, qu'on appelle adjudication (loi du 9 août 1854, art. 165 et 170). Si le partage précède l'adjudication, l'acte a le caractère déclaratif, sinon il est attributif.

Les Statuts anglais semblent admettre le principe attributif en cas de tenure conjointe (1).

Le Code espagnol (2), art. 405, déclare le partage attributif.

Le Code allemand (exécutoire en 1900) est muet sur les effets du partage. On en conclut que le partage est attributif (3).

Le Code des provinces Baltiques (art. 555) admet le même principe (4).

Enfin, le Code de la Louisiane reconnaît (art. 1420) le caractère attributif du partage ; mais les hypothèques consenties du chef du communiste non attributaire disparaissent et sont reportées sur son lot (art. 1434).

---

(1) Lehr, *Eléments de droit anglais,* p. 345, St. 8 et 9 ; Victoria, c. 106, § 3. — V. aussi de Saint-Joseph, art. 480.

(2) Cet article se trouve dans un titre spécial où les droits des copropriétaires sont réglementés.

(3) De la Grasserie, *Projet de Code civil allemand,* introd., p. 58.

(4) *Eléments de droit civil russe,* p. 485.

II

CARACTÈRES DE LA LICITATION

Une distinction entre le partage en nature et la licitation semble difficile à faire ; car ces deux opérations interviennent entre les mêmes personnes et peuvent se présenter sous des formes si variées qu'il est malaisé de délimiter leur domaine respectif. Cependant, nous allons essayer d'indiquer les différences fondamentales qui existent entre le partage et la licitation (1) :

1° Le partage en nature transforme le droit indivis que les communistes avaient sur la totalité de la chose en un droit divis qui porte, pour le tout, sur une partie de l'objet. La licitation éteint les droits indivis établis sur l'objet pour les reporter sur une créance qui naîtra, divisée ou commune, selon l'interprétation donnée à l'article 1220 ;

2° Le partage en nature affecte les formes de l'échange ; la licitation se présente, au contraire, sous la forme d'une vente, et la fiction de l'article 883 a pour but, dans cette opération, de faire considérer une personne qui a acquis la totalité d'un

(1) Il est à peine besoin de faire remarquer que la vente aux enchères n'est pas un élément constitutif de la licitation.

bien sur lequel elle n'avait qu'un droit indivis comme si elle le détenait en vertu d'un acte déclaratif ;

3° La licitation est possible quand le partage ne l'est plus. L'indivisibilité de l'objet rend le partage en nature impossible. La licitation, au contraire, résout ce problème, au premier abord insoluble, de la division de l'indivisible (1) ;

4° Le partage en nature est précédé d'une estimation et fait cesser immédiatement l'indivision. La licitation n'est pas précédée d'une estimation et n'est qu'une opération accessoire au partage, puisque, pour résoudre l'indivision après une licitation, une liquidation s'impose.

La licitation est toujours un partage, puisque c'est un acheminement vers la cessation de l'indivision. Nous pouvons dire, en paraphrasant Dumoulin, que c'est une opération complexe et accessoire au partage, affectant les formes d'une vente et produisant tantôt les effets d'un partage, tantôt ceux d'une aliénation.

Par conséquent, des distinctions s'imposent, distinctions basées sur la nature de l'objet licité et sur la qualité de l'adjudicataire. Mais, avant de les indiquer, il faut résoudre une question préalable. Les parties pourraient-elles modifier les effets de cet acte par une clause expresse ? Il s'agit donc de savoir si ces effets présentent un caractère d'ordre public qui les mette à l'abri des changements que voudraient y apporter les parties.

La question se présente sous une double forme. L'opération est à la fois une vente et un partage. En tant qu'aliénation, elle est soumise aux règles du droit commun, c'est-à-dire que la convention fera la loi des parties. Ainsi, les coli-

---

(1) Est modus divisionis, imo ipsa divisio rei non divisibilis, libenter aut non libenter (de Pansey, *Anc. Rép.*, V° *Quint.*, § 2). Les mines ne peuvent être partagées sans autorisation du Gouvernement (loi du 21 avr. 1810, art. 7), tandis qu'elles peuvent être licitées sans décision préalable. (Cass., 21 av. 1857, S. 57, 1, 760.)

citants pourraient modifier l'étendue de la garantie ou déroger aux dispositions des articles 1609, 1616 à 1623, 1654 et 1659, comme dans une vente ordinaire (1). Mais les parties peuvent-elles rejeter l'effet déclaratif, soit par une clause expresse, soit en qualifiant d'aliénation une licitation produisant l'effet déclaratif ? « On admet généralement que les copartageants ne peuvent écarter l'application de l'article 883 par une clause formelle, car la fiction de l'article 883 a été introduite non seulement en faveur des copartageants, mais aussi dans l'intérêt de leurs ayant-cause, qui, escomptant l'effet déclaratif que devait produire le partage, n'ont pu être privés d'un droit acquis par une convention postérieure (2). » Les parties ne pourraient pas écarter l'effet déclaratif en qualifiant l'opération d'aliénation (3). « La dénomination adoptée par les copropriétaires pourrait tout au plus faire ressortir la volonté implicite des parties de supprimer l'effet déclaratif, et la volonté implicite ne saurait avoir plus d'effet qu'une disposition formelle (4). »

S'il est vrai que les conventions dérivent du consentement des parties, il faut ajouter que chaque contrat a son caractère

(1) Il est certain que les parties ne pourraient pas attribuer l'effet déclaratif à une licitation à laquelle la loi ne reconnaît pas le caractère de partage. Ce serait permettre aux communistes de modifier des droits irrévocablement acquis par des tiers.

(2) Wahl, S., note 93, 2, 265.

(3) Sur la question de savoir si les copropriétaires peuvent stipuler sur le cahier des charges la folle enchère en cas de non paiement du prix, voir *infra*, chap. VII, § 4.

(4) En pratique, les parties pourront rejeter l'effet déclaratif du partage, en sortant de l'indivision, par le moyen de certaines formes de cession que la jurisprudence ne considère pas comme des partages. On admet même que si l'intention des contractants d'attribuer à la cession le caractère d'une vente résulte soit des termes de l'acte, soit des circonstances, les règles du contrat de vente lui sont applicables. (Cass., 12 août 1839, D. 39, 1, 329 ; 27 avril 1845, D. 45, 1, 257 ; Montpellier, 19 déc. 1855, D. 57, 1, 8.) — Garnier, *Répert. de l'Enregistrement*, t. IV, Vᵒ « Partage », n. 181.

propre, que les parties ne peuvent méconnaître. Leur intention ne saurait leur enlever la nature juridique que la loi leur attribue en raison de leur objet. Or, le caractère propre du partage étant de faire cesser l'indivision, l'acte qui produit cet effet est un partage et doit être déclaratif (1).

La jurisprudence a donné sur ce point des décisions contradictoires. La Cour de cassation a admis, dans une espèce où les parties avaient déclaré faire une vente de part indivise, que le caractère déclaratif doit être attribué à cet acte (2). Dans une autre, elle déclare que si les parties donnent le nom de vente à un acte qui est, en fait, une cession, l'acte sera considéré comme une aliénation. Plus tard, elle admet que la cession de droits successifs faite sans garantie produit l'effet déclaratif, bien que cet acte ait le caractère d'une spéculation.

Il semble que la jurisprudence (3) permet de déroger à l'article 883 quand le partage est dissimulé sous les formes d'une aliénation et reconnaît, au contraire, le caractère d'ordre public au partage quand la volonté des parties ne s'est manifestée que par les mobiles auxquels elles obéissent (4).

Pour en finir avec ces questions générales, nous dirons que l'article 883 s'applique à toute indivision, quelle que soit son origine. Ce principe était déjà admis vers la fin de l'Ancien Droit (5), et les textes du Code sont conformes à cette interprétation. L'article 1476 déclare applicables au partage de la communauté les règles édictées pour le partage des successions. L'article 1872 renvoie de même au titre des successions pour le partage de la société. Par conséquent, l'article 883 s'applique à tous les partages d'universalité.

(1) En matière fiscale, l'administration n'étant pas juge de la validité de l'acte, les droits dus pour les aliénations seront payés en cas de partage qualifié d'aliénation.

(2) Cass., 6 janvier 1846, S. 46, 1, 120, et 29 mars 1854, S. 56, 1, 49.

(3) Cass., 3 déc. 1890, S. 91, 1, 417.

(4) Wahl, note S., 93, 2, 265. — V. Grenoble, 17 avril 1894, S. 95, 2, 79.

(5) Pothier, *de la Vente*, n. 630 et 631.

Ce serait peut-être plus difficile à admettre pour les choses singulières ; mais, si l'article 883 n'était pas applicable, il serait impossible de déterminer quels seraient les effets de ce genre de partage. D'ailleurs, le Code ne contenant pas un titre spécial sur l'indivision et le partage, c'est à la doctrine qu'incombe la tâche d'en construire la théorie en s'aidant des matériaux fournis au titre des successions (1) et de la société.

La jurisprudence s'est constamment prononcée en ce sens (2).

(1) V. en ce sens : Delvincourt, § 162 et 163 ; Duranton, VII, 522 ; Proudhon, *de l'Usufruit*, V, 2393 ; Marcadé, sur l'art. 883, 2 ; Demante, III, 225 *bis ;* Demolombe, XVII, 226 ; Dalloz, *Suppl.*, V* « Contr. de mar. », n· 808 ; Rouard de Card, *de l'Effet du partage* (in fine).

(2) Cass., 27 juill. 1819, S. 20, 1, 105 ; Cass., 10 août 1824, S. 25, 1, 97 ; Cass., 18 avr. 1829, S. 30, 1, 339 ; Cass., 28 avr. 1840, S. 40, 1, 821 ; Cass., 29 mars 1854, S. 56, 1, 49 ; Cass., 17 fév. 1892, D. 92, 1, 191 ; Cass., 8 fév. 1893, D. 93, 1, 588.

III

EFFETS SUR LE PRIX

1º La créance du prix de la licitation se divise-t-elle de plein droit?

L'objet licité sort de l'indivision, et c'est sur une créance, chose essentiellement divisible, que sont reportés les droits des communistes (1).

Il semble que les règles ordinaires du partage devraient être applicables au prix de l'objet licité. Malheureusement, le prix de la licitation est représenté par une créance, et il s'agit de savoir si la division des créances produit l'effet déclaratif ou si, la créance naissant divisée, le partage de cette valeur produira les effets d'une cession (attributif) et non d'un partage (déclaratif).

---

(1) L'effet déclaratif doit se produire sur le prix toutes les fois qu'un immeuble est licité. Ainsi, la licitation terminée par une adjudication au profit d'un étranger et la licitation qui ne fait pas cesser l'indivision ne produisent pas l'effet déclaratif quant à l'immeuble, mais les règles du partage seront applicables au prix de la licitation.

5

Il nous est donc nécessaire de prendre parti dans la controverse soulevée au sujet de l'application de l'article 883 aux créances.

Une grande partie de la doctrine et de la jurisprudence, invoquant les dispositions de l'article 1220, admettent que les créances se divisent de plein droit.

Dans ce système, on considère l'article 1220 comme apportant une exception à l'article 883. Le législateur, dit-on, partage de plein droit les dettes et les créances ; par conséquent, l'acte par lequel les cohéritiers se répartissent les créances a le caractère d'une cession, car on ne peut partager ce qui est divisé. « La nature des créances et des dettes est incompatible avec l'état d'indivision, sauf le cas d'indivisibilité. L'esprit peut concevoir la solidarité active ou passive, mais non la communauté indivise d'une créance. Or, notre législation n'a pu rejeter le principe du partage translatif que pour les choses qui pouvaient être dans l'indivision ; mais elle n'avait ni à le rejeter ni à l'admettre pour les créances qui sont en dehors de toute indivision et qui, par conséquent, doivent demeurer en dehors de tout partage. Donc, les créances ne peuvent être admises dans le partage que telles qu'elles sont, c'est-à-dire déjà partagées (1). »

Les précédents historiques semblent favorables à ce système. Le Droit romain admettait que l'on ne peut demander la division des créances par *l'actio familiae erciscundae* ou *communi dividundo* (2), et l'Ancien Droit conserva le principe intact (3). Notre Code a consacré la même règle dans l'article 1220, et il est impossible d'invoquer contre cette solution la généralité des termes de l'article 883, puisque cet article ne s'applique qu'aux objets indivis ; et, puisque l'arti-

(1) Huc, *de la Cession des créances*, I, 283.
(2) D., 1. 2 § 5, et l. 4 princ., *fam. ercisc.*, 10-2.
(3) Pothier, *Traité des sociétés*, n. 172.

cle 1220 a partagé les créances, elles ne peuvent être considérées comme régies par la disposition de l'article 883.

L'article 832, il est vrai, permet et même conseille la division des créances ; mais c'est la simple reproduction d'un texte de Droit romain qui n'indique pas si cette division aura le caractère de partage ou de cession (1).

Cette division des créances était nécessaire pour réglementer la situation des débiteurs avant le partage ; c'est pour cela que les rédacteurs du Code l'ont admise, et ils n'ont pas cru devoir introduire une exception à cette règle que les biens déjà divisés ne sont plus susceptibles d'être partagés. Ils ont, par ce moyen, évité le conflit qui aurait forcément existé entre l'effet rétroactif du deuxième partage et les conséquences produites par le premier (2).

La plupart des auteurs ont proposé un système moyen qu'ils adoptent avec des variantes. Ils appliquent l'article 883 aux faits postérieurs au partage, mais repoussent le principe déclaratif pour tous les faits antérieurs. Le copropriétaire pourra, avant le partage, recevoir sa part dans les créances, et le paiement sera valable quels que soient les événements du partage. Chaque communiste peut, avant le partage, céder irrévocablement sa part de créance, et le cessionnaire aura un droit opposable à tous, pourvu qu'il ait signifié la cession avant le partage. De même, les créanciers personnels des communistes peuvent valablement saisir la part de leur débiteur, et leur droit sera irrévocable, pourvu que le jugement de validité intervienne avant le partage. Mais les cessions

_____

(1) Tambour, *de l'Effet du partage* (thèse, p. 126).

(2) On a invoqué aussi l'article 873, qui reconnaît que les dettes se divisent de plein droit, et on a essayé d'en tirer un argument d'analogie en faveur de la division des créances. Nous ne croyons pas que cette argumentation soit solide, car l'article 873 ne fait que consacrer, envers les créanciers, la règle générale « res inter alios acta », etc., tandis que, dans l'hypothèse qui nous occupe, il s'agit de la répartition d'une valeur entre les communistes.

faites ou signifiées postérieurement au partage, aussi bien que les paiements effectués après cet acte, ne seront pas valables (1).

« Ce système n'est-il pas entaché d'inconséquence ? Ne dit-il pas tout à la fois oui et non ? Il applique aux créances l'effet déclaratif et il repousse l'effet rétroactif; mais l'effet déclaratif n'a été consacré que pour aboutir à l'effet rétroactif... On fait échec, en matière de créances, au principe *resoluto jure dantis resolvitur jus accipientis*... Mais pourquoi les droits concédés sur des parts de créances indivises sont-ils plus dignes de respect et plus inviolables que les droits concédés sur des portions d'immeubles indivis (2) ? »

Il reste un troisième système qui applique l'article 883 aux créances (3). L'article 1220, dit-on, ne divise pas les créances, car ce texte ne les partage pas entre tous les communistes, mais seulement entre les successeurs qui représentent la personne du défunt. Le texte dit que les héritiers ne peuvent réclamer les créances que pour les parts dont ils sont saisis. Cette division ne s'applique pas aux successeurs non saisis. D'ailleurs, il est inexact de dire que les créances ne sont jamais indivises. Il est très facile d'en faire la division, puisqu'il suffit d'une opération d'arithmétique pour déterminer la part de chaque copropriétaire. C'est une sorte de partage idéal qui est nécessaire, mais il n'en est pas moins vrai que c'est un partage. Sinon, il faudrait dire que toutes les choses *qui pondere numero mensurave constant* ne peuvent être dans

---

(1) V. en ce sens : Larombière, t. II, sur l'art. 1220, n. 9; Marcadé, sur l'art. 883; Demolombe, XVII, n. 294; Aubry et Rau, VI, § 635, note 6, p. 661; Laurent, XI, 49; Le Sellyer, II, 1240 ; Vigié, II, n. 382.

(2) Bertauld, *Questions pratiques*, n. 306 et 307.

(3) V. en ce sens : Demante, III, n. 225, VII *bis;* Arntz, II, 1628; Dutruc, *Traité du partage*, n. 443, 449 et 547. — Il est presque impossible de donner une classification exacte des opinions des auteurs sur cette matière ; car, tout en se rangeant à l'un des systèmes déjà exposés, ils lui font subir des modifications qui le dénaturent complètement.

l'indivision; car, pour ces objets, le partage est des plus simples.

Et même, en supposant que les créances ne peuvent être indivises, cette théorie n'en serait pas moins vraie, car l'article 883 consacre une fiction et ne fait aucune distinction entre le partage des meubles et le partage des immeubles. Il est impossible de concevoir qu'un seul et même acte, le partage, soit tout ensemble déclaratif de propriété quant aux meubles et immeubles, et translatif quant aux créances (1).

Quant au Droit romain, en admettant la division des créances il avait fait preuve de logique. Dans cette législation, le partage était attributif, et, si la totalité d'une créance était attribuée à un des communistes, celui-ci en était propriétaire « partim proprio nomine, partim procuratoris nomine ». Il en était de même pour les immeubles. Par conséquent, le *partage des créances était possible en Droit romain et produisait les mêmes effets que le partage des objets corporels.* Seulement, en cas de partage judiciaire, l'*actio familiae erciscundae* ou *communi dividundo* (2) n'était pas nécessaire pour ces biens qu'on pouvait diviser par une simple opération d'arithmétique. Cependant, le juge pouvait avoir à répartir entre les communistes les créances (3).

L'Ancien Droit admet le principe du partage déclaratif pour les immeubles. Pour les créances, le principe du Droit romain est conservé ; mais, dans son dernier état, la cession d'action n'est plus nécessaire pour attribuer la totalité de la créance à un communiste. Pothier (4) s'exprime ainsi : « Par

---

(1) Laurent, XI, 49.

(2) Ceterae itaque res praeter nomina veniunt in hoc judicium. (L. 4, *fam. erciac.*)

(3) Plane ad officium judicis nonnunquam pertinet ut debita et credita singulis pro solido aliis alia adtribuat : quia saepe et solutio et exactio partium non minima incommoda habet. (L. 3, *eod.*)

(4) *Traité du contrat de société,* n. 172 *in fine.*

le Droit romain, il fallait que celui au lot duquel elles (les créances) étaient tombées se fît céder par les autres leurs actions pour les parts qu'ils y avaient chacun et les intentât tant en son nom qu'au leur. Dans notre droit, cette cession d'actions n'est pas nécessaire, et celui au lot duquel les dettes actives sont tombées, en signifiant aux débiteurs un extrait de son lot de partage, peut, en son nom seul, en exiger le paiement. »

Dans le Code, l'article 832 démontre que la répartition des créances constitue un véritable partage, puisqu'il assimile expressément les créances aux autres biens communs. D'ailleurs, si le législateur avait consacré une solution contraire, il s'ensuivrait que le copropriétaire d'une créance aurait un droit ferme sur celle-ci, tandis que le copropriétaire d'un immeuble n'aurait qu'un droit indéterminé, ce qui donnerait de très mauvais résultats pratiques. Quant à l'article 1220, il était nécessaire pour sauvegarder les droits des débiteurs pendant le temps de l'indivision, qui peut être fort long. Un droit de créance suppose deux personnes, et les changements nécessaires de créanciers ne peuvent rendre pire la condition du débiteur. Celui-ci ne peut être privé du droit d'éteindre son obligation, et l'article 1220 indique la personne à qui le paiement peut être fait valablement. Cet article ne fait pas double emploi avec la disposition de l'article 1240 (1), qui s'applique à l'héritier apparent et non aux cohéritiers ou aux communistes (2).

En résumé, nous admettons que *l'effet déclaratif s'appli-*

---

(1) L'article 1240 suppose, pour la validité du paiement, la bonne foi du débiteur et s'applique à un héritier apparent, tandis que l'article 1220 ne suppose pas la bonne foi, puisque le débiteur paie le véritable créancier, et s'applique à des personnes qui ont la qualité d'héritiers.

(2) Les héritiers d'un créancier qui poursuivent un débiteur commun ne constituent pas un être moral, et le débiteur peut opposer la compensation à l'un d'eux pour sa part de créance. (Cass , 23 fév. 1864, D. 64, 1, 477.)

quera aux créances toutes les fois que ce principe ne rendra pas la condition du débiteur plus onéreuse.

En pratique, nous arrivons aux solutions suivantes :

1º Les formalités de l'article 1690 ne seront pas nécessaires pour que le communiste soit saisi de la totalité de la créance envers les tiers ;

2º Le paiement fait entre les mains du communiste pour la part et portion qui lui revient sera toujours valable, quel que soit l'attributaire de la créance (1) ;

3º Le débiteur pourra toujours opposer la compensation opérée avec l'un des communistes (2). De même, la confusion aura irrévocablement éteint une part de créance proportionnelle à la part indivise à laquelle le débiteur a droit ;

4º Le débiteur peut, après le partage, faire un paiement valable à l'un des communistes si le débiteur n'a pas eu connaissance du partage (3) ;

5º La cession de créance consentie par un des communistes sera soumise aux résultats du partage sans qu'on ait à examiner si la signification a été faite avant ou après le partage (4) ;

6º Il en sera de même de la saisie-arrêt faite par le créancier du communiste (5).

La jurisprudence de la Cour de cassation semble admet-

---

(1) Aubry et Rau, VI, § 635, note 8, p. 663 ; Baudry, Wahl, III, 4289.

(2) Cass., 23 fév. 1864, S. 64, 1, 393 ; Cass., 4 déc. 1866, S. 67, 1, 5 ; Vigié, II, n. 382.

(3) Demolombe, XVII, n. 297. — La Caisse des dépôts et consignations exige, pour se dessaisir des sommes communes qui ont été consignées, une déclaration de non partage ou somme tous les communistes d'assister au versement des fonds. (Instr. gén., 1ᵉʳ déc. 1877, art. 74.)

(4) Nous admettrions que le cessionnaire aurait toujours droit à la valeur représentative de la créance mise au lot de son auteur et que le communiste peut céder la totalité de la créance. V. p. 55 et ch. VII, § 2.

(5) V. cep. Cass., 23 mars 1881, et, en sens contraire, Bordeaux, 29 mars 1870, D. 81, 1, 417.

tre une doctrine éclectique dont il est difficile de préciser la portée.

C'est ainsi que M. le Procureur Babinet la résumait, en 1884, dans ses conclusions (1) : « Appliquer l'article 1220, c'est revenir aux XII Tables : *Nomina inter haeredes pro portionibus hereditariis ercta sunto*... Nous reconnaissons, avec Aubry et Rau (t. VI, p. 659), que le Droit français n'a jamais admis ce principe du Droit romain. L'article 883 est la base de notre droit ; donc, la division des créances ne peut constituer un droit acquis, un fait inéluctable (2). Lorsque, par l'effet du partage, le cohéritier reçoit dans son lot une créance ou tout autre droit incorporel de l'hérédité, il en devient propriétaire au même titre que des autres valeurs qui lui ont été départies. Il tient cette propriété du chef du défunt, et il est censé y avoir succédé immédiatement.

« Est-ce à dire que l'article 883 doive l'emporter sur l'article 1220 et le réduire à néant ? En aucune façon. Le législateur a énoncé les deux principes des articles 883 et 1220, et il a dû laisser aux tribunaux le soin d'en concilier l'application. Nous ne sommes pas tenté d'adopter, avec Demolombe (n. 294), ce qu'on a appelé le troisième système, qui revient à considérer comme fait accompli opposable à un partage ultérieur tout acte réalisé entre le débiteur de la succession et l'un des cohéritiers à compter du décès jusqu'au partage effectif... Les auteurs se trompent lorsqu'ils attribuent à la Cour de cassation l'adoption du système mixte qu'ils approuvent ou combattent. Ce n'est pas là l'idée mère des solutions que votre jurisprudence a consacrées. La créance successorale

(1) S. 84, 1, 119.

(2) M. l'avocat général Nicod invoquait des raisons analogues, en 1837. « Il est inexact de prétendre que la disposition de l'article 883 n'a trait qu'au partage des choses corporelles. Cette distinction n'est écrite nulle part. Le droit attribué par la loi aux héritiers sur les créanciers de la succession est éventuel, indéterminé et soumis à l'événement du partage. » (S. 37, 1, 109.)

a pour représentant un tiers, le débiteur... Le débiteur a ses intérêts, ses droits; il peut contracter avec les cohéritiers ou l'un d'eux; l'échéance de la dette l'autorise à exiger sa libération. La compensation peut parfois équivaloir au paiement lui-même. Ce sont des combinaisons de fait de ce genre qui ont réclamé votre intervention. Elles vous ont dicté vos arrêts des 24 janvier 1837, S., 37, 1,106; 2 décembre 1845, S., 46, 1, 21; 20 décembre 1848, S., 49, 1,179; 29 août 1853, S., 53, 1,107, si clairs et si formels dans l'application de l'article 883 aux créances, et, d'autre part, ceux du 9 novembre 1847, S., 48, 1,289; du 23 février 1864, S., 64, 1,398; du 4 décembre 1866, S., 67, 1,5, qu'on a opposés à tort aux premiers. S'ils étaient relus en entier devant vous, vous y verriez toujours la même doctrine sur l'effet légitime de l'article 883, mais l'affirmation, fort légitime aussi, qu'il y aurait abus à étendre ces effets à des objets sortis de la succession avant partage par la force de la loi ou par des conventions irrévocables, parce qu'elles ont été jugées en fait pures de toute fraude (arrêt du 4 déc. 1866). Il s'agit donc, d'après votre jurisprudence, de distinguer, dans les circonstances spéciales à chaque espèce, s'il y a eu fait accompli sans fraude et droit irrévocablement acquis avant le partage; mais ce ne sera jamais une simple question de dates ou d'antériorité, comme dans le système de Demolombe. »

Malgré les affirmations qu'on trouve dans les arrêts postérieurs, nous croyons que la Cour de cassation a persisté dans sa doctrine. Comme par le passé, elle donne avant tout des solutions de circonstance. En 1881, elle adopte un système éclectique. « L'article 1220 prévoit et règle les relations des héritiers avec les débiteurs de la succession et non avec les créanciers des héritiers (1). » La même année, elle déclare que « les obligations sont divisées de plein droit entre les communistes dans la proportion de la part que chacun d'eux

(1) Cass., 22 fév. 1881, D. 81, 1, 409, S. 84, 1, 117.

est appelé à y prendre » (1). « La fiction de l'article 883 ne saurait être étendue aux obligations susceptibles de division, lesquelles, d'après le principe général consacré dans l'article 1220, sont divisées de plein droit entre les communistes dans la proportion de la part que chacun d'eux est appelé à y prendre. » Plus tard, elle affirme le même principe. « A la propriété indivise des objets possédés par eux succède la propriété des prix de vente divisés conformément au principe écrit dans l'article 1220 (2). » Le seul moyen de concilier ces affirmations contradictoires consiste à admettre que la Cour suprême a toujours tranché, dans ses arrêts, la question en fait, sans se rallier à l'une des trois opinions défendues par les auteurs (3).

2° Influence de la répartition du prix sur la situation juridique de l'objet licité.

Pour déterminer l'étendue des droits que chaque copropriétaire a eus sur l'objet licité, faut-il s'en référer à la liquidation qui répartit le prix entre les ayant-droit ou faut-il les considérer comme ayant toujours eu sur l'immeuble un

---

(1) Cass., 23 mars 1881, D. 81, 1, 417 (421, col. 1 *in medio*). — V. aussi Cass., 14 déc. 1887, S. 89, 1, 197.

(2) Cass., 14 déc. 1887, S. 89, 1, 193 (p. 197, col. 2 *in medio*), D. 88, 1, 385.

(3) Certaines Cours d'appel semblent admettre que l'art. 883 est applicable aux créances. Quant à la Cour de cassation, les arrêts des 7 février 1892 (S. 94, 1, 417), et 19 octobre 1897 (D. 97, 1, 44), feraient croire qu'elle évite de trancher la question.

droit correspondant à la portion indivise dont ils étaient propriétaires ?

Si le droit indivis du copropriétaire porte sur ʲles biens
d'une société commerciale en liquidation, une doctrine consacrée par la tradition veut que la société subsiste, en tant
qu'être moral, pour les besoins de la liquidation (1). Il en résulte que les créanciers de la société conservent sur le fonds
social un droit de gage exclusif qui leur permet d'échapper
aux concours des créanciers personnels des associés (2).

S'il s'agit d'une succession ou d'une communauté et que la
liquidation ait précédé la licitation, on admet généralement
que la liquidation déterminera les droits des copropriétaires
sur l'objet (3).

Mais si la liquidation n'intervient qu'après la licitation, la
question est plus difficile à résoudre (4). Au premier abord,
il semble difficile d'admettre que la liquidation puisse modi-

---

(1) Cass., 27 juill. 1863, D. 63, 1, 460; Cass., 16 août 1880, D. 82, 1, 80
Cass., 11 mars 1884, D. 84, 1, 119 ; Paris, 6 fév. 1891, D. 92, 2, 385 ; Lyon-
Caen, ll, n. 366 ; Bordeaux, 30 mars 1886, S. 88, 1, 181.

(2) Cass., 2 déc. 1885, D. 86, 1, 357.

(3) V. en ce sens Devilleneuve, note, S. 48, 1, 561; Homo, *Rev. du not.*, 1876,
p. 17; Legrand, *Rép. du not.*, 1890, art. 5413. Demolombe, XVII, n. 273. Demante,
lll, n. 225 *bis*, IV. Labbé, note, S. 75, 1, 451 ; Charmont, *Rev. crit.* 1890,
p. 41, Aubry et Rau, VI, § 625, note 25, p. 564 ; Vigié, ll, 388. La raison en
est que la liquidation déterminant les droits des communistes sur la masse
commune est un partage auquel l'art. 883 est applicable.

(4) La question serait facilement résolue si l'on admettait, comme la Cour de
Nîmes, 5 mai 1855, D. 55, 2, 163, que la licitation non précédée de liquidation ne produit pas l'effet déclaratif. Il est vrai que les parties n'avaient pas
voulu faire un partage et que l'héritier adjudicataire se qualifiait de tiers détenteur. On cite dans le même sens un arrêt de la Cour de cassation du 18 août
1845, D. 45, 1, 355, mais la décision porte sur une question fiscale et nous ne
croyons pas qu'elle puisse être invoquée en ce sens. On trouve seulement dans
les motifs une affirmation de ce genre. « Si la licitation qui a pour objet de
procurer entre les propriétaires d'une chose commune le partage commode de
leurs parts de la propriété indivise fait cesser l'indivision, elle n'opère pas
nécessairement le partage. »

fier les droits qu'avait le communiste sur l'immeuble. Dans cette hypothèse, dit-on, la liquidation ne peut produire l'effet déclaratif, puisqu'il s'agit uniquement du partage d'une créance et que, les créances étant divisées de plein droit, la liquidation n'est plus qu'une cession impuissante à modifier les droits qu'ont eus les communistes sur l'immeuble licité (1). « En consultant l'esprit de l'article 883, on arrive encore au même résultat: le but de l'effet déclaratif est de consolider entre les mains des attributaires la propriété jusqu'alors indivise et non pas de favoriser un tiers étranger à l'indivision. Il est, en d'autres termes, d'éviter les recours qui, à raison du maintien des droits réels, auraient été nécessairement accordés au cohéritier attributaire, après le paiement des charges, contre ses copropriétaires. On peut ajouter que, d'après l'opinion générale, l'effet déclaratif ne s'applique ni aux créances ni aux effets ne faisant pas partie de la succession. Or, il s'agit ici d'un prix de vente, c'est-à-dire d'une créance qui ne provient pas directement de la succession, et il suit de là qu'en admettant même que l'effet déclaratif s'applique aux créances, il ne s'applique pas au prix de la licitation (2). »

Enfin, on invoque le texte même de l'article 883, qui ne considère comme partage que la licitation terminée par une adjudication au profit d'un communiste, et l'Ancien Droit, qui considérait la licitation prononcée au profit d'un étranger comme passible du droit de lods et ventes.

Il est probable que les rédacteurs du Code avaient ainsi tranché la question ; mais la jurisprudence, obéissant à des consi-

---

(1) Colmet de Santerre, *Rev. crit.*, 1864, 2ᵉ semestre, p. 490.

(2) Baudry, Wahl, III, 4310. V. dans le même sens Laurent, X, 399, 400, 406, 407. Le Sellyer, III, n. 1796. Pont, Traité des privilèges et hypothèques, I, 291. Troplong, Tr. de la vente, II, n. 141. Duranton, VII, n. 520. Huc, V, 442 et 445. Chabot, I, sur l'art. 882, n. 5, et 883, n. 3. Ducorroy, Bornier et Roustain, II, 790. Poujol, des successions, I, sur 883, n. 3. Hureaux, des successions, IV, n. 265. Flandin, De la transcription, I, 296. Pont, Des hypothèques, I, 291. Duvergier, sur Toullier, XVII, n. 144.

dérations d'utilité pratique, a édifié de toutes pièces un système que l'on peut considérer comme la dernière phase de la
longue évolution de la théorie du partage d'une portion de
l'immeuble proportionnelle à son droit au prix et non de la
portion indivise à laquelle il avait droit avant la liquidation.

C'est un arrêt de la Cour de Pau (1) qui fut le point de
départ de la nouvelle théorie. Elle reconnut que le créancier
hypothécaire de l'un des communistes ne pouvait poursuivre
l'adjudicataire étranger avant qu'un partage général des
biens ait fixé la part afférente à son débiteur. La Cour de
cassation confirma l'arrêt (2). En 1834, la Cour de cassation
consacre la même doctrine. Il s'agissait d'une communauté
dissoute. On ouvrit : 1º une procédure à fin de liquider la
communauté ; 2º une procédure d'ordre pour distribuer le
prix des immeubles licités dont un étranger s'était rendu
adjudicataire. La procédure d'ordre n'attribua rien au mari,
et la Cour ne reconnut aux créanciers du mari aucun droit
sur le prix (3). Les Cours d'appel adoptèrent ce système et
l'élargirent (4). La Cour de cassation n'eut pas à se pronon-

(1) 16 mai 1831, *Journal du Palais*, 1831, t. III, p. 548. « Le droit d'un cohéritier sur un objet spécial de la succession est subordonné au partage général. »

(2) 16 janvier 1833, P. 1833, 1, 400. Le créancier invoquait : 1º le texte de
l'article 883, qui n'attribue pas l'effet déclaratif à la licitation terminée par une
adjudication au profit d'un étranger ; 2º on ne peut imposer à un créancier
l'obligation de demander un partage général des biens du débiteur ; 3º il n'y a
aucune raison pour appliquer l'article 883, puisque l'immeuble est aliéné à un
tiers. — La Cour répliqua : 1º L'article 2205 défend aux créanciers de poursuivre les biens indivis du débiteur avant le partage. Or, cette opération préalable doit s'entendre d'une liquidation générale ; 2º une vente en commun d'un
bien indivis a bien pour effet de conférer la propriété à l'acquéreur ; mais, par
rapport aux cohéritiers, cette vente est soumise aux résultats de la liquidation,
qui peut modifier ou anéantir rétroactivement les droits des cohéritiers.

(3) A cette époque, il est vrai, la jurisprudence considérait les reprises de la
femme comme un droit de propriété. (V. Cass., 10 juillet 1855, S. 55, 1, 530.

(4) Aix, 23 janv., S. 35, 2, 267 ; Grenoble, 19 août 1863, S. 63, 2, 249 ; Douai,
5 juin 1866, S. 67, 2, 257 ; Alger, 24 déc. 1877, S. 78, 2, 214. — Pour plus de
développements, voir Labbé, note, S. 89, 1, 193.

cer de longtemps sur cette question. En 1848 (1), la question fut agitée devant la Chambre des requêtes; elle évite de se prononcer. En 1875 (2), la Chambre des requêtes abandonne cette théorie et décide que l'article 883 ne s'applique pas lorsque l'immeuble indivis a été adjugé à un étranger; mais, en 1881, elle consacre de nouveau la doctrine de l'arrêt de 1834 (3).

Cette théorie remplissait, dans le Droit civil, le même rôle que joue dans le Droit commercial la fiction de la continuation d'une société dissoute. Elle était conforme aux dispositions de l'article 883, puisqu'elle attribuait l'effet déclaratif à la liquidation, qui est le véritable acte de partage.

Cependant, cette théorie que la doctrine (4) avait adoptée a été abandonnée dans ces dernières années par la Cour de cassation. D'abord, on ne crut pas à un revirement de jurisprudence, car les premiers arrêts en ce sens portaient sur des points de fait très embrouillés, comme en 1875, ou sur une question de saisie, comme en 1881. Des systèmes de conciliation ont été essayés; mais, depuis l'arrêt de 1887 (5), on ne peut plus douter d'un revirement de jurisprudence. « L'article 883, dit la Cour dans un arrêt postérieur, ne vise que le cas où l'adjudication a lieu au profit d'un colicitant : il est donc sans application, quelle que soit l'attribution ultérieure du prix, lorsque l'adjudication a été prononcée au profit d'un tiers qui n'avait antérieurement aucun droit sur les effets acquis (6). »

(1) Cass., 26 juill. 1848, S. 48, 1, 561.
(2) Cass., 8 mars 1875, S. 75, 1, 149.
(3) Cass., 22 fév. 1881, S. 84, 1, 117.
(4) V. en ce sens: Demolombe, XVII, n. 273; Demante, III, 225 *bis*, IV; Aubry et Rau, VI, § 625, note 25, p. 564; Charmont, *Rev. crit.*, 1890, p. 41; Vigié, II, 388.
(5) Cass., 14 déc. 1887, S. 89, 1, 193.
(6) Cass, 17 fév. 1892, D. 92, 1, 191, S. 94, 1, 417. — V. dans le même sens : Grenoble, 27 janv. 1859, en note, D. 88, 1, 385; Douai, 2 mai et 25 juill. 1848, D. 49, 1, 184.

En 1896 (1), la Cour de cassation adopte pour la troisième fois la même opinion. « L'article 883 ne vise que le cas où l'adjudication sur licitation a lieu au profit d'un des colicitants. Il est donc sans application, quelle que soit l'attribution ultérieure du prix, lorsque l'adjudication a été prononcée au profit d'un tiers qui n'avait antérieurement aucun droit sur les immeubles acquis. Dans ce cas, les droits constitués pendant la durée de l'indivision subsistent sur les biens licités avec tous les effets juridiques que leur a donnés la convention des parties (2). » A notre avis, ce système donne de mauvais résultats pratiques, puisqu'il permet, selon l'expression des vieux jurisconsultes, « à un cohéritier safranier d'infecter toute une succession » et viole le principe « nemo plus juris « ad alium quam ipse habet transferre potest ».

En effet, il va arriver cette chose singulière que l'ayant-cause aura plus de droits que son auteur. Et qu'on n'invoque pas le caractère de tiers attribué à tout titulaire de droits réels; cette règle n'a rien à faire ici, puisque l'article 883 conserve aux titulaires des droits réels consentis

---

(1) Cass., 19 octobre 1896, D. 97, 1, 44.

(2) Les inconvénients de la nouvelle théorie adoptée par la Cour de cassation ont causé une vive émotion dans le monde des praticiens. Ils se sont empressés de chercher des moyens pratiques de les écarter. — Ainsi, en cas de succession, pour éviter qu'un cohéritier débiteur de rapports, en moins prenant, ne se taille un lot dans l'actif de la succession en constituant des droits réels, le testateur peut ordonner que la quotité disponible est léguée aux héritiers auxquels leurs droits à la succession du testateur ne pourraient être intégralement dévolus par le fait d'empêchements provenant du chef de l'un des cohéritiers. Dans la succession collatérale, on pourra léguer les immeubles à un héritier solvable, à charge par lui de tenir compte à la masse d'une somme en argent pour la valeur des immeubles légués. On pourra encore — et ce moyen est certainement le plus pratique — léguer aux héritiers grevés d'un rapport le montant de ce rapport pour les remplir à concurrence de leurs droits et dire qu'ils souffriront le prélèvement des autres héritiers sur les valeurs de la succession. Il faudra des clauses pénales, sous forme de legs subsidiaire, pour le cas où il serait renoncé à ces dispositions par les bénéficiaires (*Gaz. Trib.*, 13 déc. 1896).

pendant l'indivision leur qualité d'ayant-cause jusqu'au partage (1).

Pourrait-on, par une clause du cahier des charges, déterminer pour quelle part chaque communiste sera réputé vendeur ? Nous croyons que l'affirmative doit être admise, car « une telle déclaration est un partage à partir duquel s'est opéré nécessairement l'effet déclaratif, alors même qu'une opération ultérieure, telle que la vente passée même à un tiers, ait été nécessaire pour que chacun des cohéritiers pût prendre possession divise de ses attributions (2). »

Enfin, nous appliquerions les règles déjà exposées au créancier qui exercerait, en vertu de l'article 1166, les droits du communiste (3).

La fiction de l'article 883 veut que le communiste adjudicataire soit considéré comme ayant été propriétaire du jour où a commencé l'indivision. Mais doit-on admettre que cet adjudicataire est censé être débiteur à partir de ce jour ? La question peut présenter un intérêt pratique quand la créance du prix est garantie par une hypothèque légale et qu'une procédure d'ordre est ouverte. Un arrêt a décidé que l'effet

---

(1) Un grand nombre de Cours d'appel sont restées fidèles à cette doctrine (Toulouse, 30 juill. 1888, S. 89, 2, 99; Dijon, 2 mars 1889, D. 93, 1, 191; 25 juillet 1890, S. 91, 1, 167; Trib. Seine, 3 juill.; *Droit*, 20 juillet 1890; Dijon, 20 mars 1889, S. 89, 2, 179 ; Angers, 7 déc. 1897, *Droit*, 19 janv. 1898). Un des motifs de cet arrêt nous paraît erroné : « L'article 1220 n'est pas applicable à la cause, le prix de l'adjudication n'ayant jamais été dans la succession. » Nous admettons bien, avec M. Wahl, que le prix ne provient pas directement de la succession. Mais il n'en est pas moins vrai que ce prix se trouve dans la succession au même titre que les fruits produits, postérieurement au décès, par les immeubles de la succession ; et, si on admet le partage des créances, l'effet rétroactif remontera au jour où la créance est entrée dans l'indivision. — V. dans le même sens : Trib. Seine, 26 janv. 1898, *Droit*, 6 mars 1898, et les observations.

(2) Angers, *loc. cit.* — Cet acte sera opposable aux créanciers s'ils sont intervenus dans la rédaction du cahier des charges.

(3) Trib. Seine, 26 janv. 1898.

rétroactif n'avait pas pour objet de faire considérer l'adjudicataire comme débiteur du prix à partir du jour où a commencé l'indivision. «La fiction... ne peut être étendue au-delà de ses termes... Le motif qui l'a fait introduire ne s'applique pas à la soulte et au prix de la licitation, qui ne sont dus que du jour du partage ou de la licitation. Il serait contraire à la raison qu'une créance pût préexister à sa cause (1). »

A notre avis, on peut justifier cette solution par d'autres motifs. L'adjudication fait sortir l'immeuble de l'indivision, et l'effet rétroactif a pour but de faire remonter le droit de propriété de l'adjudicataire au jour où a commencé l'indivision. Pour la créance du prix, il n'en est pas de même. *Elle est entrée dans l'indivision* quand l'immeuble en est sorti et, si l'on suppose que l'article 883 soit applicable aux créances, l'attributaire d'une portion du prix sera censé en avoir été propriétaire à partir du jour où *ce prix est entré dans l'indivision*, car l'effet déclaratif ne peut rétroagir jusqu'à une époque où l'indivision n'existait pas quant à l'objet.

(1) Rennes, 31 mars 1841, D., Rép., V⁰ succession, n. 2111. V. Laurent, X, 435.

IV

EFFETS SUR L'OBJET LICITÉ

Les effets sur l'objet licité dépendent de la qualité de l'adjudicataire.

.

Dans la licitation, la qualité de l'adjudicataire a une importance capitale, puisque c'est d'elle que dépend l'application de l'effet déclaratif à l'immeuble. Le plus souvent la qualité de l'adjudicataire est facile à déterminer. Cependant, des difficultés se sont élevées à propos de l'héritier bénéficiaire et du cessionnaire.

L'article 883 est-il applicable au cas où l'adjudicataire est un héritier bénéficiaire? Certains auteurs ont soutenu la négative (1).

1° L'article 883 a un caractère exceptionnel : cette fiction doit donc être restreinte à ses plus étroites limites ;

2° La succession bénéficiaire est liquidée dans l'intérêt

----

(1) V. en ce sens Belost-Jolimont sur Chabot, art. 882, obs. 2 *in fine.*

commun des créanciers et des héritiers, et, si l'on attribuait
l'effet déclaratif à la licitation terminée par une adjudication
au profit de l'héritier bénéficicire, il faudrait lui laisser sa
qualité d'héritier, ce qui est contraire à l'intention des créanciers et de l'héritier, qui ne veulent qu'une seule chose :
liquider la succession (1).

A cela, on peut répondre : L'article 883 édicte une règle
exceptionnelle ; mais le texte ne distingue pas entre les héritiers purs et simples et les héritiers bénéficiaires, et nous
ne voyons pas pourquoi l'adjudication prononcée au profit
d'un héritier bénéficiaire ne conférerait pas à la licitation le
caractère déclaratif (2).

C'est la solution qui prévaut dans la doctrine et la jurisprudence. En pratique, on admet qu'un créancier auquel un
cohéritier a donné hypothèque sur les biens de la succession ne peut figurer à l'ordre ouvert sur le prix des biens adjugés à un héritier bénéficiaire (3). Le tiers cessionnaire d'un
communiste doit-il bénéficier de l'article 883 ? L'Ancien Droit
admettait le contraire en matière de droits seigneuriaux,
puisque les copartageants, pour bénéficier du principe déclaratif, devaient être propriétaires en vertu d'un titre commun (4).
Dans l'état actuel de notre législation, le titre commun n'est
pas exigé, du moins en droit civil, pour que le partage pro-

(1) Cass., 27 mai 1835. D., Rép., Vo succession, n. 2103.

(2) Cass., 12 août 1839, D., Rép., Vo succession, n. 2103 ; Demolombe, XVII,
n. 275 ; Laurent, X, n. 401 ; Baudry et Wahl, successions, t. III, n. 4307 ;
Vavasseur, *Revue pratique*, 1870, p. 172. C'était aussi la solution admise dans
le dernier état de l'Ancien Droit. Un arrêt de 1662 (arrêt de la Meilleraie)
avait assimilé l'héritier bénéficiaire à un tiers adjudicataire. Un arrêt du
26 mai 1676 a consacré une doctrine mixte. Un arrêt du 26 mars 1782 assimile l'héritier bénéficiaire à l'héritier pur et simple. Merlin, Vo *propre*, § 2,
n. 5. Cependant, la jurisprudence du parlement de Bretagne admettait l'opinion
contraire, Vo Hervé, III, p. 27, note 1.

(3) Nîmes, 6 nov. 1869, D., 71, 2, 37.

(4) Pothier, Des fiefs, part. I, ch. V, § 3 ; Guyot, *loc. cit.*, ch. III, sect. III,
§ 5. V. en ce sens Douai, 2 mai 1848, S. 49, 2, 394.

duise l'effet déclaratif (1), sinon il faudrait supposer qu'un
sociétaire, entré dans l'indivision après la formation de la
société, qui s'est rendu adjudicataire des biens sociaux lors
de la dissolution de la société, ne pourra bénéficier de la
disposition de l'article 883. D'ailleurs, la copropriété étant
aliénable comme la propriété, le cessionnaire d'un copropriétaire prend exactement la place de son auteur dans l'indivision et doit avoir l'espérance de voir s'évanouir les charges
constituées sur l'immeuble par les autres copropriétaires s'il
se rend adjudicataire (2). En résumé, il faut admettre que la
vente des droits indivis faite par un communiste à un tiers
emporte subrogation pleine et entière de l'acquéreur dans les
droits de son vendeur (3).

Si un tiers se porte adjudicataire et fait élection de command au profit d'un cohéritier, l'article 883 devra être appliqué. Il faut décider au contraire que l'article 883 ne s'appliquera pas quand un communiste s'étant rendu adjudicataire
a fait élection de command au profit d'un tiers (4).

(1) Bourges, 31 août 1814, S. nouv., 4, 2, 409; Cass., 27 janv. 1857, S.
57, I, 665. V. note S., 76, 1, 297.

(2) V. en ce sens : Tambour, *de l'Effet du partage*, p. 137 (thèse Paris, 1858) ;
Labbé, *Note*, S. 88, 1, 242 *in medio*. — Le contrat *primitif* qui est intervenu
entre le cessionnaire et le cédant a le caractère d'une aliénation ; par conséquent, le cessionnaire, étant l'ayant-cause du cédant, doit respecter les droits
consentis par son auteur et se trouve obligé d'accomplir toutes les formalités de
la transcription et de la purge. (Cass., 29 mai 1876, S. 76, 1, 296 ; Demolombe, XVII, 289 ; Aubry et Rau, t. V, § 625, p. 560, texte et note 13.)

(3) Si l'on ne considérait que le droit du cessionnaire, l'effet rétroactif ne
devrait remonter qn'au jour où il est entré dans l'indivision ; mais comme il
est l'ayant-cause d'un copropriétaire *ab initio*, en invoquant les droits de son
auteur, le cessionnaire, qui est un ayant-cause à titre particulier, sera, s'il se
rend adjudicataire, censé avoir été propriétaire de l'immeuble depuis le commencement de l'indivision.

(4) V. en ce sens : Toullier, VIII, n. 170, § 51 ; Troplong, *de la Vente*, I,
n. 65 et 67 ; Caen, 25 fév. 1837, S. 38, 2, 154 ; Cass., 6 juillet 1853, S. 53, 1,
542.

Si un des communistes acquiert l'objet à la suite d'une revente sur folle enchère, l'effet déclaratif se produira, car l'adjudicataire ne succède pas au fol enchérisseur (1). L'opération est fictivement résolue jusqu'au moment de la nouvelle adjudication, puisque le fol enchérisseur peut conserver ses droits en exécutant les clauses de l'adjudication (2).

Cependant, il est difficile d'appliquer cette solution à cause des dispositions de l'article 779 (Proc.). Ce texte dispose qu'après une revente sur folle enchère, il n'y a pas lieu à une nouvelle procédure d'ordre, seulement on rend les bordereaux exécutoires contre le nouvel adjudicataire. Il s'ensuit que les créanciers du fol enchérisseur seront seuls payés, et cela au préjudice des créanciers qui ont des droits sur le prix de la nouvelle adjudication.

On admet généralement que l'article 779 n'a pas prévu cette hypothèse et qu'un nouvel ordre sera ouvert quand la nouvelle adjudication aura modifié les droits des créanciers hypothécaires (3). D'ailleurs, si l'on appliquait les dispositions de l'article 779 (Proc.), on violerait le texte de l'article 883, et mieux vaut sacrifier une règle de procédure qu'un principe de droit civil.

2° La licitation qui ne fait pas cesser l'indivision peut-elle produire l'effet déclaratif?

La licitation concentre généralement la propriété de l'immeuble sur la tête d'une seule personne. Dans ce cas, si l'ad-

---

(1) Alger, 8 fév. 1890, *Rev. alg.*, 1890, p. 253.

(2) Pothier, sur Orléans, Introd. au titre XVI, *des Criées*, p. 13, n. 103.

(3) Bauby, *Rec. de l'Ac. de lég.* de Toulouse, 1890, n. 2 et 32.

judication est faite au profit d'un communiste, l'effet déclaratif se produira. Mais, pour que l'article 883 soit applicable,
est-il nécessaire que l'indivision cesse totalement ? Que se
produira-t-il si le personnel de l'indivision est simplement
réduit (1) ?

1° *Plusieurs étrangers se rendent adjudicataires :* la question ne fait aucune difficulté. C'est une aliénation.

2° *L'adjudication a été prononcée au profit de plusieurs
communistes.* Pothier (2) reconnaît que ce premier acte doit
produire l'effet déclaratif, et il est probable que les rédacteurs
du Code, qui avaient pris Pothier comme guide, devaient avoir
admis implicitement cette solution. Pourquoi le premier acte
ne produirait-il pas l'effet déclaratif (3), puisque c'est toujours
un acheminement vers la division? Pourquoi priver les cohéritiers du droit de rester dans l'indivision quand un seul d'entre eux veut en sortir ? D'ailleurs, l'article 888 sanctionne
cette solution, puisqu'il accorde un recours non seulement
contre les partages, mais contre tout acte passé entre cohéritiers.

On reproche à cette théorie : 1° de violer l'article 883 qui
doit être strictement limité au cas spécial pour lequel il a été
édicté. La fiction du principe déclaratif du partage, dit-on, a

---

(1) Si l'on admet la théorie que nous avons soutenue au sujet de l'application de l'article 883 à la liquidation, il faut admettre que la répartition du prix
de la licitation produira l'effet déclaratif, quelle que soit la qualité ou le nombre
des adjudicataires. Par conséquent, ce que nous allons dire ne s'applique qu'à
l'objet licité et non au prix de la licitation.

(2) *Des Fiefs,* part. I, ch. V, § 3 ; *de la Vente,* n. 664. — V. dans le même
sens, sur la question des lods et ventes : Sudre, *des Lods,* § 9, n. 6 ; Guyot,
des Fiefs, ch. III, § 4, n. 4.

(3) Seuls, les actes passés entre tous les communistes produisent l'effet
déclaratif, sinon ce sera une cession ou une aliénation dont le sort sera soumis
aux résultats du partage. V. en ce sens : Laurent, X, 426 ; Demante, note, S.
87, 1, 113 ; Baudry, Wahl, III, 4351 et note S., 90, 1, 417 ; Esmein, note, S.
88, 1, 258. En général, la licitation aura le caractère d'un premier acte, car
elle aura lieu entre tous les communistes.

été introduite pour permettre la constitution de la propriété divise. Ici, ce n'est pas le cas, puisque les copropriétaires restent dans l'indivision (1).

2º L'effet déclaratif est subordonné à la condition que l'indivision cesse d'une manière complète et à l'égard de tous les copropriétaires, parce que l'article 883 produit un effet à la fois rétroactif et résolutif. « Or, on ne peut dire du copartageant qui, sorti de l'indivision avec tel communiste y reste avec tel autre, qu'il a toujours été propriétaire des effets compris dans son lot ; donc, on ne peut pas dire davantage qu'il n'a jamais eu de droits aux autres effets de la succession en communauté (2). »

Nous ne croyons pas que ces objections puissent infirmer la théorie soutenue par Pothier (3).

1º De ce que l'article 883 doit être interprété restrictivement, il ne s'ensuit pas que le premier acte soit une aliénation. D'abord, l'ancienne jurisprudence attribuait généralement le caractère de partage au premier acte. Ensuite, les termes généraux de cet article ne permettent pas de supposer que le premier acte ne produira pas les effets du partage.

2º Le double effet de l'article 883 se produira dans le premier acte comme dans le partage (4). Supposons trois communistes. Le bien est licité ; deux d'entre eux se rendent adjudicataires. Le communiste non adjudicataire sera censé n'avoir jamais été copropriétaire de l'immeuble ; donc, les droits réels consentis par lui sur sa part indivise seront annulés rétroactivement, tandis que les copropriétaires seront censés

---

(1) Demante, III, 225 bis. Demolombe, XVII, n. 284. Aubry et Rau, VI, § 625, p. 557.

(2) Dalloz, Répertoire, supplément, Vo successions, n. 13. Carpentier, Vo licitation, n. 224.

(3) V., pour les difficultés que soulève l'opinion contraire au sujet de la garantie, Wahl, note, S. 95, 1, 350.

(4) V. en ce sens : Planiol, note, D. 94, 2, 462 ; *Rev. crit.* 1883, 2ᵉ série, t. XII, p. 588.

avoir toujours été *copropriétaires* de l'immeuble. Si l'on refuse le caractère déclaratif à ce premier acte, l'effet déclaratif
ne pourra se produire lors du partage que pour partie; car, si
nous supposons qu'à la suite d'une nouvelle licitation l'immeuble est adjugé à l'un des communistes, les droits consentis dans l'intervalle des deux licitations par les autres copropriétaires tomberont, tandis que les droits consentis par le
copropriétaire non adjudicataire lors de la première licitation
seront maintenus.

Dans ce cas, l'adjudicataire n'est pas censé avoir toujours
été *ab initio* propriétaire de l'immeuble, puisqu'une autre
personne a pu valablement constituer des droits réels que
l'effet déclaratif du partage n'a pas fait disparaître (1). D'ailleurs, nous ne voyons pas pourquoi les communistes n'auraient pas le droit de bénéficier, dans ce cas, de l'effet déclaratif, puisque l'article 883 n'indique pas à quelles formes de
partage cet effet est lié.

Au sujet de cette question, M. Labbé a donné une solution
ingénieuse: « Quand un acte de cession ou une licitation dimi-
nuent le nombre des copropriétaires sans faire cesser l'indivision, la nature de cet acte ne peut pas être déterminée d'une
façon actuelle et immédiate; il n'y a pas partage, mais peut-être
acheminement au partage... Le sort du premier acte est d'un
effet incertain jusqu'à ce qu'on sache comment l'indivision
cessera. Si l'indivision, qui avait survécu au premier acte,

___

(1) V. en ce sens : Hureaux, *Traité du droit de succession*, t. IV, n. 325;
Duvergier, *Traité de la vente*, t. II, n. 147; Bertauld, *Rev. crit.*, t. XXIV,
p. 391. — L'opinion que nous soutenons diffère légèrement de celle de ces auteurs. Nous admettons, avec eux, que tout partage qui ne fait pas cesser l'indivision doit produire l'effet déclaratif. Mais l'acte n'aura ce caractère que si tous
les copropriétaires y ont concouru ; car si l'acte n'est intervenu qu'entre quelques-uns des communistes, cette opération sera, à l'égard des autres copropriétaires, *res inter alios acta* et aura le caractère d'une aliénation soumise aux résultats du partage. (V. en ce sens : Laurent, X, 418; Alger, 26 nov. 1866, S.
68, 1, 209; Lyon, 21 déc. 1831, S. 32, 2, 274.

cesse par la concentration de la propriété sur la tête d'un seul
des copropriétaires, l'article 883 est applicable non seulement
au second acte, mais encore au premier, qui avait diminué le
nombre des copropriétaires et préparé le résultat final (1). »

Cette théorie a le tort de laisser la nature d'un acte en sus-
pens pendant un temps qui peut être très long.

Sur cette question, la jurisprudence de la Cour de cassation
a varié. Suivant la doctrine de l'Ancien Droit, elle admet d'a-
bord que tout premier acte doit produire l'effet déclaratif (2).
A partir de 1835, elle décide que le partage, pour produire
l'effet déclaratif, doit faire cesser totalement l'indivision (3).

Cependant, le 21 mai 1895 (4) elle confirme un arrêt de la
Cour de Besançon qui appliquait l'article 883 dans le cas où
plusieurs héritiers s'étaient portés adjudicataires et étaient
restés dans l'indivision (5). On pourrait donc voir dans cet
arrêt un revirement de jurisprudence (6). Quant aux Cours

(1) V. Labbé, S. 75, 1, 451.

(2) Cass., 16 janv. 1827, S. 27, 1, 242.

(3) Cass., 27 mai 1835, S. 35, 1, 341. — V. dans le même sens : Cass., 13 août
1838, S. 38, 1, 701 ; 28 déc. 1840, S. 41, 1, 204 ; 19 janv. 1841, S. 41, 1, 375 ;
6 mai 1844, S. 44, 1, 596 ; 10 juin 1845, S. 45, 1, 808 ; 19 nov. 1845, S. 45,
1, 810 ; 3 déc. 1890, S. 91, 1, 417 et note de M. Wahl. — La Cour de cassation
belge n'exige pas que l'indivision cesse complètement pour que l'opération produise l'effet déclaratif. — M. Laurent (sur l'article 991 de l'Avant-projet) fait
remarquer que la Cour de cassation belge et la Cour de cassation française invoquent toutes deux les termes de l'art. 883 pour justifier des solutions différentes.

(4) S. 95, 1, 350. (V. Journ. Not., 25859.)

(5) V. Planiol, note, D. 96, 1, 9. — Quant à l'arrêt du 26 juillet 1895, nous
ne croyons pas qu'on puisse l'invoquer dans ce sens, car il a trait à une question d'alotissement.

(6) Un arrêt de la Cour de cassation du 9 décembre 1878 (S. 79, 1, 404),
semble subordonner l'effet déclaratif à la cessation absolue de l'indivision en
cas de licitation ou de cession, et seulement au concours de tous les copropriétaires en cas de partage (V. Labbé, note, S. 80, 1, 245 ; Demante, note, S. 87,
1, 113 ; Esmein, note, S. 88, 1, 257 ; contra Wahl, S. 91, 1, 417). Cependant,

d'appel, les unes admettent que l'opération terminée par une adjudication collective est une vente (1), d'autres décident au contraire (2) que l'acte doit produire l'effet déclaratif (3).

2° *Des étrangers et des communistes se sont rendus adjudicataires.* — Si l'on admet que la licitation, qui ne fait pas cesser l'indivision, ne produit pas l'effet déclaratif, la question est facilement résolue. Mais si l'on reconnaît qu'une adjudication collective n'enlève pas à l'opération le caractère de partage, faudra-t-il dire, avec M. Laurent (4), que l'acte sera considéré comme un partage envers le communiste et comme une vente envers l'étranger? Nous ne le croyons pas, et cela pour deux raisons :

1° Il serait, dans certains cas, très difficile de déterminer pour quelle part le communiste et l'étranger se sont rendus adjudicataires ;

2° L'article 883, ayant pour but de faciliter la constitution de la propriété divise, ne peut s'appliquer à une opération qui n'est pas un partage ou un premier acte. Or, l'adjudication prononcée pour partie au profit d'un tiers enlève, au point de

l'arrêt du 21 mai 1895 semble confirmer cette distinction, puisqu'il fait produire l'effet déclaratif à l'alotissement fait par partage et le refuse quand le copropriétaire a cédé ses droits moyennant des biens qui lui sont attribués divisément. (V. note, D. 96, 1, 9, et S. 95, 1, 350.)

(1) Colmar, 1er fév. 1855, D. 56, 2, 13 ; Poitiers, 10 juill. 1889, D. 90, 2, 183.

(2) Bordeaux, 24 déc. 1889, D. 90, 2, 182 ; Besançon, 23 déc. 1891, D. 92, 2, 289 ; Bourges, 16 janv. 1878, D. 79, 2, 85 ; Pau, 15 déc. 1890, D. 92, 2, 120 ; Nancy, 7 juill. 1896, S. 97, 1, 123. (Cette Cour invoque, en faveur de son opinion, l'article 80 de la coutume de Paris.)

(3) La question que nous venons de traiter n'est qu'un chapitre d'une question plus générale : « Quel est le caractère de l'opération qui ne fait pas cesser l'indivision? » (V. à ce sujet Labbé, note, S. 75, 1, 449 ; S. 80, 2, 145 ; S. 89, 1, 193 ; Demante, note, S. 87, 1, 113 ; Esmein, note, S. 88, 1, 257 ; Wahl, note, S. 91, 1, 417 ; S. 95, 1, 350.)

(4) X, 399. Il nous semble que l'arrêt de Douai, D. 49, 2, 185, qu'il cite en faveur de son opinion ne peut pas être interprété en ce sens.

vue de l'objet, le caractère de premier acte à la licitation, puisque cette opératian fait naître une nouvelle indivision sans résoudre la première (1).

(1) Cass., 8 mars 1875, S. 75, 1, 451, et note *in fine*.

V

EFFETS PRODUITS PAR LA LICITATION

DES MEUBLES

———————

Au point de vue qui nous occupe, nous pouvons répartir les meubles en trois catégories : 1° les créances ; 2° les meubles proprement dits ; 3° les navires de plus de vingt tonneaux.

Des créances, nous n'avons pas grand chose à dire. Habituellement on partage ces valeurs, mais on ne les licite pas, car il est inutile de reporter sur une autre créance l'indivision qui porte sur une créance. Cependant, la licitation pourrait être employée (1) pour diviser une créance dont la valeur est incertaine. Les copropriétaires peuvent vendre un titre nominatif, après estimation, soit à un étranger, soit à un communiste. Pour nous, qui n'admettons pas la division *ipso jure* des créances, cette opération sera une licitation et non une cession, et l'on appliquera tous les principes déjà exposés au sujet de la division du prix de la licitation (2).

___

(1) Garnier, *Répert. d'Enreg.*, V° « Licitation », n. 96.

(2) Ce que nous venons de dire s'applique aux titres au porteur ; ces créances devant être considérées comme des meubles incorporels, l'application de

Les meubles proprement dits peuvent se liciter; mais l'application de l'article 883 est considérablement restreinte par les articles 2119 et 2279. En général, les meubles ne peuvent être revendiqués et jamais on ne peut les hypothéquer. Par conséquent, les règles du droit commun rendent presque inutile l'application de l'article 883, et nous n'avons trouvé aucune décision pratique sur la matière. Cependant on pourrait découvrir des hypothèses où l'article 883 recevrait son application.

1° Un créancier gagiste a reçu en garantie d'une créance personnelle à un seul des cohéritiers un meuble qu'il sait être la propriété de tous les communistes. Si, à la suite d'un partage ou d'une licitation, l'objet est adjugé à un autre que le cohéritier débiteur, le créancier sera obligé de restituer le meuble à celui au lot duquel il est tombé. Si, au contraire, l'objet échoit au cohéritier débiteur, le gage aura été valablement constitué sur la totalité de l'objet (1).

2° Un objet commun a été vendu par un communiste à un tiers de mauvaise foi. Si, à la suite du partage, l'objet est attribué au communiste aliénateur, le tiers deviendra propriétaire de la chose.

Nous pourrions multiplier ces exemples, mais nous ne croyons pas qu'il soit nécessaire d'en chercher d'autres, car ils ne présentent aucun intérêt pratique, puisque la jurisprudence n'a jamais eu à s'en occuper. Cependant, il importe de distinguer la licitation des meubles des aliénations ordinaires, au point de vue des droits fiscaux et de la saisie.

Des droits fiscaux, nous ne dirons rien pour le moment,

---

l'art. 883 sera limitée par le principe « en fait de meubles la possession vaut titre ».

(1) En pratique, la question pourrait se présenter dans le cas où l'un des communistes aurait donné des créances successorales en gage. Le créancier pourrait, durant l'indivision, exercer le droit de rétention, mais il ne lui serait pas permis de vendr l'objet indivis (art. 2205).

puisque nous leur réservons un chapitre spécial. Quant à la
saisie, voici la question que nous avons à examiner : L'article 2205 s'applique-t-il au cas de saisie mobilière (1) ? La Cour
de cassation admet la négative. On peut saisir les meubles
indivis avant le partage, et cela pour permettre aux créanciers de prévenir la disparition du gage, mais les copropriétaires non débiteurs peuvent s'opposer à la vente en formant
une demande en distraction et en provoquant ensuite le partage, pour lequel le juge leur accordera un délai (2).

Les navires sont soumis à une législation spéciale. Malgré
leur nature mobilière, la loi du 10 décembre 1874, art. 1,
permet de les hypothéquer (3). Mais comme l'indivision est
un état fréquent de la propriété des navires, on aurait rendu
illusoire toute constitution d'hypothèque maritime (4) si le
principe de l'article 883 avait été maintenu. Aussi l'article 18
de la même loi décide que « les créanciers ayant hypothèque
inscrite sur un navire ou portion de navire le suivent en
quelques mains qu'il passe, suivant l'ordre de leurs inscriptions (5). » Le second alinéa de cet article admet une déro-

---

(1) Nous verrons que certains auteurs ne reconnaissent pas aux créanciers
le droit de saisir même sans faire vendre les immeubles indivis de leur débiteur.

(2) Cass., 23 mars 1881, D. 81, 1, 417 et la note.

(3) Sont seuls susceptibles d'hypothèques les navires de plus de vingt tonneaux faisant le commerce maritime; par conséquent, les navires au-dessous
de vingt tonneaux et les bateaux destinés au commerce fluvial doivent, au
point de vue qui nous occupe, être rangés dans la catégorie des meubles proprement dits.

(4) Au XVIᵉ siècle, l'hypothèque maritime était pratiquée. Louët, lettre M, I,
n. 6, et VIII, n. 5. Malgré la règle coutumière : Meubles n'ont suite par hypothèque, on reconnaissait que l'hypothèque maritime comportait le droit de
suite. D'Argentré, cout. de Bretagne, art. 256, gl. B. Un édit rendu à Vincen-
nes (Isambert, t. XVIII, p. 89) décida que les vaisseaux seraient meubles et
ne pourraient être hypothéqués.

(5) La loi de Hambourg, art. 2, n'admet pas l'hypothèque sur portion de
navire.

gation à l'article 2205 du Code civil. Le créancier peut faire saisir et vendre la portion de navire sur laquelle porte son hypothèque, et, si plus de la moitié du navire est hypothéqué, le créancier pourra le faire vendre en totalité, à charge d'appeler à la vente les autres copropriétaires.

La loi du 10 juillet 1885, qui réorganise l'hypothèque maritime, décide que l'hypothèque, une fois consentie avec l'autorisation de la majorité des quirataires, sera maintenue quels que soient les résultats de la licitation.

La loi de 1874 ne dérogeait pas aux dispositions de l'article 883 en matière d'indivision forcée, par exemple en cas de succession ou de communauté. La loi de 1885, art. 17, a supprimé cette distinction. Il était nécessaire de faire disparaître cette cause d'extinction, sinon l'hypothèque maritime, déjà soumise au hasard des cas fortuits, serait devenue illusoire si un acte juridique assez fréquent avait pu la détruire. D'ailleurs, les droits des autres communistes sont sauvegardés, puisque l'hypothèque ne peut être consentie que par la majorité des quirataires. Cependant, cette disposition peut nuire, en certains cas, aux communistes. Supposons trois héritiers copropriétaires d'un navire; deux d'entre eux, qui sont débiteurs de rapports, en moins prenant, hypothèquent le navire : s'ils deviennent insolvables, le troisième héritier sera privé de sa part. Cependant, nous croyons que la loi de 1885 a eu raison d'assimiler l'indivision forcée à l'indivision volontaire, en matière maritime, pour ne pas compliquer les relations commerciales par une réglementation différente de ces deux indivisions.

Pourquoi la loi de 1885 a-t-elle apporté une exception aux principes de l'article 883 ?

Peut-on considérer l'article 17 comme le préliminaire d'une réaction contre le principe du partage déclaratif ? Nous ne le croyons pas. La copropriété est considérée par le Droit civil comme un état fâcheux qui doit disparaître le plus tôt possible. Il n'en est pas de même de la copropriété des navires, qui est pour ainsi dire l'état habituel de ce genre de propriété maritime. Le législateur, suivant la tradition de l'Ancien Droit, semble avoir considéré la copropriété maritime non comme une indivision, mais comme un genre spécial de société (1). Au point de vue qui nous occupe, l'hypothèque une fois consentie avec l'autorisation de la majorité (2), le créancier pourra en poursuivre la réalisation contrairement à l'article 2205, et il pourra le faire, par dérogation à l'article 883, en quelques mains que la portion hypothéquée se trouve transportée après la licitation (3).

La dérogation au principe du partage déclaratif ne s'applique qu'aux hypothèques. Pour les autres droits réels qui peuvent grever le navire l'article 883 est applicable. Ainsi les privilèges nés durant l'indivision du chef de l'un des copropriétaires, notamment celui de l'article 191-1° (Comm.), ne subsisteront pas entre le nouveau propriétaire après la licitation.

En résumé, nous avons à signaler deux dérogations au droit commun pour l'hypothèque maritime :

1° Le créancier peut poursuivre son droit sur une part indivise du navire sans provoquer le partage ;

2° La licitation, pas plus que le partage, n'éteignent les hypothèques consenties par un des quirataires (4).

(1) Desjardin, Cours de droit maritime, t. 2, n. 328 ; Cass., 23 fév. 1877, D. 77, 1, 214.

(2) La loi du 10 décembre 1874 (art. 3) n'exigeait pas l'autorisation de la majorité pour la constitution de l'hypothèque.

(3) La vente sur saisie transforme définitivement le droit des créanciers sur le navire en un droit à être colloqué sur la part du prix de vente afférente à l'intérêt hypothéqué (art. 17, n. 4).

(4) Les statistiques démontrent que l'hypothèque maritime n'a pas donné les résultats auxquels on s'attendait. De 1874 à 1887, on ne trouve que 1,299 hypothèques inscrites pour une somme de 177,899,248 francs, et le Crédit maritime de France, fondé en 1874, a été déclaré en faillite le 18 mars 1885. (Voir thèse de M. Edouard Crouvès, de l'Hypothèque sur les navires, Paris, 1889, p. 80.)

VI

EFFETS DE LA LICITATION DES IMMEUBLES

TERMINÉE PAR UNE ADJUDICATION AU PROFIT D'UN
ÉTRANGER

―――

Si l'adjudication est prononcée au profit d'un étranger la
licitation n'en sera pas moins un préliminaire du partage et
l'effet déclaratif s'appliquera à la distribution du prix; mais
l'immeuble sera censé avoir été aliéné et non partagé. La situation juridique de l'immeuble sera réglementée par les prin_
cipes de la vente. Cependant, certains auteurs (1) ont nié la
distiction généralement établie entre la licitation terminée
par une adjudication au profit d'un communiste et la licitation
terminée par une adjudication au profit d'un étranger. Elle
existe dans le texte, disent-ils, mais ce n'est pas conforme à
l'esprit de la loi. La fiction de l'article 883 est faite pour assurer
la stabilité du partage, et si l'on n'applique à la licitation
l'article 883 que dans certains cas, on ouvre libre carrière aux re-

―――

(1) Liégeard, p. 86; Valette, II, 484 et 485. — Mourlon (t. II, p. 201), soutient que cette solution serait préférable à celle qui est généralement adoptée.
Cependant, il ne l'adopte pas en termes formels.

7

cours entre communistes. L'étranger adjudicataire n'est qu'un acheteur, mais il n'en est pas moins vrai qu'il est nécessaire que cette opération produise l'effet déclaratif non dans l'intérêt de l'acquéreur, mais dans celui des colicitants.

Si la licitation est considérée, dans certains cas, comme un acte translatif, de deux choses l'une : ou les tiers connaîtront les charges créées pendant l'indivision et ne surenchériront pas, ou ils ne les connaîtront pas, et, s'ils se rendent adjudicataires, ils exerceront ces recours que le législateur a voulu éviter.

Ce système a contre lui le texte de l'article 883 (1) et la tradition historique. L'Ancien Droit n'a jamais attribué le caractère déclaratif à cette opération, et rien ne prouve que les rédacteurs du Code aient voulu modifier ce principe. Il est incontestable que l'opinion généralement admise place les tiers qui sont dans l'intention de surenchérir dans une position très désavantageuse si des droits ont été consentis par quelques-uns des communistes. Pour le cohéritier qui n'a consenti aucun droit, l'immeuble aura une plus grande valeur, puisqu'il l'acquerra franc et libre de toutes charges, tandis que pour les étrangers il aura une valeur bien moindre. En pratique, les inconvénients se font sentir quand un mineur se trouve parmi les copropriétaires. Si l'un des communistes a consenti des droits sur l'immeuble, les autres copropriétaires pourront acquérir l'immeuble à vil prix, et l'admission des étrangers à la licitation ne présentera aucune garantie pour le mineur.

Malgré ces observations, nous sommes obligé de reconnaître que ce serait refaire la loi et non l'interpréter que d'admettre cette opinion. Seulement, nous pouvons constater que le principe du partage déclaratif n'atteint pas ici son but,

(1) V. contre cette opinion : Paris, 2 mars 1812, S. 12, 1, 432; Nîmes, 2 août 1858, S. 59, 2, 102; Grenoble, 27 janv. 1859, S. 60, 2, 11.

puisque l'intérêt des communistes n'est pas sauvegardé d'une façon efficace.

Quand l'adjudicataire est un étranger, toutes les règles de la vente sont applicables. L'adjudicataire est un simple acheteur qui détient l'immeuble *ex emptione sed non ex divisione*, pour employer la terminologie romaine.

1º Les hypothèques consenties par les communistes (1) sont maintenues sur l'immeuble, et les créanciers des copartageants peuvent accomplir tous les actes qu'autorise la vente consentie par leur débiteur ;

2º L'adjudication au profit d'un étranger donne lieu au privilège du vendeur et non à celui du copartageant ;

3º En cas d'éviction, l'article 1654 est applicable ;

4º La licitation est un mode d'acquisition et non de consolidation de la propriété ; elle constitue un juste titre qui peut servir de base à la prescription de dix à vingt ans ;

5º Si le prix n'est pas payé ou si les clauses et conditions du cahier des charges ne sont pas remplies, il y a lieu à résolution, et les articles 1654, 1655, 1656 sont applicables ;

6º Pour que cet acte soit opposable aux tiers, la transcription sera nécessaire et aura pour effet d'arrêter le cours des inscriptions de droits réels consentis par l'auteur commun ou les colicitants ;

7º Les droits fiscaux dus pour les aliénations seront exigibles (2).

Cependant, si l'on admet que la répartition du prix exerce une influence sur la situation juridique de l'immeuble, il faudra tenir compte de la liquidation pour déterminer quels sont les vendeurs et pour quelle somme les créanciers hypothécaires doivent figurer dans l'ordre.

---

(1) Le tiers acquéreur ne peut demander mainlevée des inscriptions hypothécaires prises sur l'immeuble du chef des copropriétaires non attributaires. (Caen, 18 mai 1877, S. 78, 2, 141 ; Cass., 11 janv. 1881, S. 83, 1, 208.)

(2) Comme nous le verrons dans la suite, ces deux dernières différences ne sont pas caractéristiques.

Les créanciers des communistes qui ont acquis, du chef de leur débiteur, des hypothèques sur l'immeuble licité, peuvent-ils faire à l'étranger adjudicataire sommation de payer, ou délaisser, ou exercer la surenchère en vertu des articles 2169 et 2183 ?

On a prétendu qu'en appliquant les règles du droit commun on compromettrait la stabilité du partage. En cas d'éviction, on rendrait les communistes responsables du fait de l'un d'entre eux, car l'adjudicataire — qui a ici la qualité de tiers détenteur — exercera l'action en garantie ou refusera de payer le prix. Quant à permettre la surenchère, ce serait donner plus de droits aux ayant-cause qu'à leur auteur, puisque le communiste ne peut critiquer le montant du prix (1).

La réponse est des plus simples. L'adjudication au profit d'un étranger donne-t-elle à la licitation le caractère de vente d'immeuble ? Si oui, pourquoi priver les créanciers hypothécaires d'un de leurs droits ?

Si l'adjudicataire est obligé de délaisser, il y aura lieu à recours en garantie; mais il est impossible de soustraire les communistes à cette obligation, puisqu'ils ont consenti une vente. En cas de surenchère, ils n'ont pas à se plaindre, puisqu'ils profiteront de l'élévation du prix (2).

---

(1) V. en ce sens Demolombe, XVII, 224; Cass., 2 mai 1812, S. 12, 1, 432; Cass., 26 juillet 1848, S. 48, 1, 561; Paris, 26 mai 1845, S. 46, 2, 78.

(2) V. en ce sens : Demante et Colmet de Santerre, t. III, 225 *bis*, IV; Orléans, 5 fév. 1845, S. 48, 1, 561. — Cependant, s'il y a eu surenchère, nous admettrions, avec M. Bertauld, que les créanciers ne peuvent surenchérir, car surenchère sur surenchère ne vaut.

VII

EFFETS DE LA LICITATION DES IMMEUBLES

TERMINÉE PAR UNE ADJUDICATION AU PROFIT D'UN COPROPRIÉTAIRE

1° Effets sur les droits consentis pendant l'indivision.

Quand un copropriétaire se rend adjudicataire, l'opération n'a plus, par rapport à l'immeuble, le caractère d'une aliénation collective. Ce sont les règles du partage qui seront applicables, et l'adjudicataire sera censé avoir toujours été propriétaire de l'immeuble par lui acquis à suite de licitation (1). Tout droit consenti durant l'indivision par un autre que le communiste ne pourra pas lui nuire, puisque l'adjudicataire n'est pas l'ayant-cause des autres copropriétaires. Ce principe est applicable aux droits de créance aussi bien qu'aux droits réels.

(1) Si un communiste se rend adjudicataire, à la suite d'une folle enchère, d'une adjudication prononcée au profit d'un tiers, l'effet déclaratif se produira· (Alger, 8 fév. 1890, *Rev. alg.*, 1890, p. 253.)

Pour les droits de créance, la question présente peu d'intérêt : il est rare qu'un droit de créance affecte un immeuble ; cependant, nous devons mentionner le bail. Si l'un des copropriétaires a loué la chose commune, le preneur ne pourra invoquer les articles 1429 et 1430 pour être maintenu en possession. Ces articles supposent un bailleur ayant le droit de louer valablement l'immeuble, tandis que le copropriétaire d'une chose indivise ne peut la louer, même pour sa part indivise, sans le consentement des autres copropriétaires, qui peuvent demander l'annulation, pour le tout, du bail qu'il a passé sans leur consentement (1). Toutefois, les baux consentis par l'un des communistes deviendraient intégralement ou partiellement efficaces si, par le résultat du partage, tout ou partie de la chose commune était adjugé au preneur (2).

Pour les droits réels, distinguons trois hypothèses :

1° L'adjudicataire a consenti lui-même des droits réels sur l'immeuble ;

2° Tous les communistes ont constitué le droit réel, ou bien l'adjudicataire a ratifié le droit réel consenti par l'un d'eux ;

3° Un autre que l'adjudicataire a consenti un droit réel.

Dans la première hypothèse, le droit réel sera maintenu sur l'immeuble après le partage, puisque le droit a été consenti ou ratifié par l'adjudicataire lui-même et que l'effet déclaratif n'a pas pour but de faire disparaître les droits que le communiste adjudicataire a constitués. Il en sera de même pour les droits consentis par tous les communistes. L'adjudicataire est censé avoir toujours été propriétaire de l'immeuble. Le droit constitué par les autres communistes sera résolu ; mais, comme l'adjudicataire l'a consenti, les règles formulées pour la première hypothèse seront applicables à celle-ci.

(1) Demolombe, XII, n. 742 ; Merlin, V° *Location* ; Duranton, XVII, 35 ; Toullier, III, n. 573 ; Duvergier, *Contr. de louage*, I, 87 ; Troplong, *de l'Echange et du louage*, I, 100 ; Cass., 4 janv. 1844, S. 44, 1, 723 ; Nîmes, 15 frim. an XII, S. 4, 2, 553.

(2) Demolombe, XII, 445 et 446.

Si l'adjudicataire a ratifié le droit consenti par un autre communiste, ce droit sera maintenu, puisque celui qui est censé avoir toujours été propriétaire le tient pour valablement constitué. La ratification ne produira un effet utile que si elle intervient avant l'adjudication; sinon l'effet déclaratif aura éteint le droit réel, et il n'y a place que pour une nouvelle constitution. Si la ratification intervient en temps utile et que l'adjudicataire ait consenti d'autres droits réels sur l'immeuble, comment règlera-t-on le concours de ces droits? Les principes de l'article 1338, al. 3, devront être appliqués. « L'effet rétroactif n'a lieu qu'entre le créancier et moi, qui ai ratifié ce qui a été fait en mon nom, mais il ne peut avoir lieu au préjudice des tiers qui ont acquis un droit d'hypothèque sur mes biens dans le temps intermédiaire, car celui qui a contracté en mon nom, n'ayant aucune qualité pour pouvoir m'engager et hypothéquer mes biens, ils ne l'étaient point avant que j'eusse ratifié et par conséquent je les ai valablement hypothéqués à ces créanciers intermédiaires, et il n'a pas dû dépendre de moi de les priver de ce droit d'hypothèque qui leur était acquis en ratifiant un acte que j'étais le maître de ne pas ratifier (1). » En cas de licitation, les titulaires des droits réels consentis par un des communistes sont, il est vrai, les ayant-cause des copropriétaires jusqu'au moment du partage; mais, dans leurs rapports respectifs, ils ont la qualité de tiers, puisqu'ils tiennent leurs droits de personnes (les copropriétaires) qui ne sont pas liées par les rapports d'auteur à ayant-cause (2).

(1) Pothier, *Traité des hypothèques,* ch. 1, sect. 2, § 2, n. 50; v. aussi Dalloz, *Rép., suppl.,* V°, privilèges et hyp., n. 783; Pont, II, n. 626; Aubry et Rau, t. III, § 262, note 6, p. 266; Thézard, n. 50; Cass., 13 déc. 1875, D. 76, 1, 97. Cependant, M. Labbé De la ratification des actes d'un gérant d'affaires, n. 61, distingue la ratification de l'hypothèque de celle de la vente, car deux ventes sont incompatibles et deux hypothèques ne le sont pas. Nous ne croyons pas que cette distinction soit admissible, car un droit réel, quelle que soit son étendue, est exclusif.

(2) Pour que la ratification soit opposable aux tiers, il faut que l'inscription

Ce que nous venons de dire au sujet des droits réels consentis ou ratifiés par l'adjudicataire serait vrai en cas d'aliétion ou de partage attributif, car les titulaires des droits consentis par l'adjudicataire étant ses ayant-cause, celui-ci est tenu envers eux à l'obligation de garantie.

Mais si la licitation était considérée comme une aliénation, le communiste n'aurait valablement grevé de droits réels que la part indivise dont il était propriétaire. Avec le principe du partage déclaratif, il n'en est pas ainsi : le copropriétaire, ayant un droit éventuel qui peut s'étendre à la totalité de l'objet, peut consentir un droit réel portant sur la totalité de l'immeuble, et ce sera une question d'interprétation qui se posera pour déterminer si le droit réel a été consenti sur la totalité ou seulement sur une portion de l'immeuble (1).

En pratique, on déduit de ces principes les solutions suivantes :

1° Si tous les communistes ont consenti une hypothèque sur le bien commun et que l'immeuble soit adjugé à l'un de ceux qui n'ont pas tiré profit de la dette, celui-ci sera tenu de la dette hypothécaire comme caution réelle (2);

2o Si l'hypothèque a été consentie par tous les coproprié-

---

ou la transcription soit prise au moment de la ratification, et, s'il s'agit d'une hypothèque, il faut que la ratification ait été faite par acte authentique ; v. en ce sens : Aubry et Rau, t. lll, § 262, n. 6, p. 266 ; Laurent, XXX, n. 474 ; Thézard, n. 49. Cependant, la Cour de cassation a jugé que l'inscription primitive est opposable à compter de sa date sans qu'une inscription nouvelle soit nécessaire. V. en ce sens : Cass., 25 avril 1856, D. 56, 1, 385 ; Cass., 3 août 18 59, D. 59, 1, 419 ; Cass., 3 déc. 1875 ; D. 76, 1, 97.

(1) V. en ce sens : Marcadé, lll, n. 415 ; Mourlon, ll, p. 223 ; Le Sellyer, lll, 1808 à 1810 ; Demolombe, XVll, n. 321 ; Demante, lll, 225 *bis*, 6 ; Aubry et Rau, VI, § 625, note 23, p. 563 ; Laurent, X, 404 ; Dutruc, n. 544 ; Wahl, note, S. 93, 2, 265, et *Succ.*, lll, n. 4380 ; Cass., 6 déc. 1826, S. 27, 1, 171, n. 2087 ; Caen, 18 août 1871, S. 72, 1, 273.

(2) Baudry-Wahl, lll, n. 4375 ; Orléans, 9 janv. 1849, D., *Rep.*, V* *Vente publique d'imm.* — C'est à tort que cet arrêt qualifie l'adjudicataire de tiers détenteur, puisqu'il a concouru à la constitution de l'hypothèque.

taires, ce droit primera le privilège des copartageants, car les communistes ne peuvent méconnaître les droits qu'ils ont consentis.

Si les droits réels ont été consentis par un seul des communistes et que ce soit un autre qui se rende adjudicataire, celui-ci, n'étant pas l'ayant-cause des autres communistes, ne sera pas tenu de respecter les droits consentis de leur chef sur l'immeuble. Mais, comme l'application de cette règle générale soulève de nombreuses difficultés, nous devons traiter séparément des trois types de droits réels : les aliénations ; les sertudes ; les hypothèques.

2° Aliénations.

L'aliénation est une opération juridique par laquelle une personne appelée auteur transmet ses droits à une autre personne appelée ayant-droit ; mais, ici, nous ne donnons pas à cette expression un sens aussi étendu, sinon les distinctions que nous avons faites au chapitre précédent seraient inutiles. Le mot aliénation a, dans cette matière, un sens spécial et restreint qu'il est difficile de définir. L'aliénation sera *la transmission à un tiers des droits que le communiste possède sur un bien de la masse indivise.* Elle se distingue de la cession, opération par laquelle on transmet *tout ou partie des droits que l'on a sur une masse commune.* Elle se distingue aussi de la constitution d'hypothèque et de servitude.

Ainsi, nous attribuons le caractère d'aliénation :

1° A la constitution d'un usufruit sur la totalité ou sur une partie d'un bien indivis par un communiste ;

2° A la vente faite dans les mêmes conditions ;

3° A la donation d'un bien indivis ;

4° A tout acte judiciaire ou extrajudiciaire, tel que compromis, jugement (1), transaction ou désistement, fait par l'un des communistes à l'occasion d'un bien indivis.

Dans cette étude, nous ne nous occuperons que des effets de l'aliénation relatifs aux rapports des communistes. Nous ne traiterons qu'à titre accidentel des effets produits par rapport à l'aliénateur et l'acquéreur, car les règles ordinaires du Droit sont applicables à cette hypothèse (2). S'il s'agit d'un contrat à titre onéreux, et si le communiste a laissé ignorer à son acquéreur qu'il n'avait qu'un droit indivis sur la chose, ou bien s'il lui a promis formellement la totalité de l'immeuble et qu'il ne puisse remplir ses engagements, l'acquéreur pourra exercer contre lui un recours en garantie.

Les auteurs discutent sur les effets envers les communistes d'une aliénation consentie par l'un d'entre eux pendant l'indivision. Trois opinions sont en présence :

1° Certains auteurs considèrent l'aliénation de biens indivis comme nulle ;

2° D'autres la tiennent comme toujours valable, quels que soient les résultats du partage ;

3° La jurisprudence et la doctrine admettent généralement que le sort de l'opération est subordonné aux résultats du partage.

D'après la première opinion, l'aliénation d'un bien indivis par un des communistes doit être nulle comme la vente de la chose d'autrui, car le droit des communistes est indéterminé et la licitation peut le réduire à néant. Si on reconnaît la validité, même relative, de cette opération, et si le partage ne met dans le lot du communiste qu'une portion du droit

_____

(1) L'article 1351-1° sera applicable.

(2) L'acquéreur évincé aura un recours en garantie contre le communiste. (Cass., 6 déc. 1854, S. 55, 1, 268.)

qui a été aliéné, l'acte sera annulé pour partie et la volonté des contractants méconnue, puisqu'une convention nouvelle sera créée. D'ailleurs, en supposant que la totalité de l'immeuble soit mise au lot de l'aliénateur, la fiction de l'article 883 ne peut valider un contrat nul *ab initio* (1).

Nous reprochons à cette théorie de mettre le droit de copropriété hors du commerce, et cela sans aucune raison. Est-ce parce que le droit est indéterminé ? Nul texte ne défend au propriétaire sous condition d'aliéner son droit. Est-ce parce qu'on méconnaît la volonté des parties en refaisant, dans certains cas, un nouveau contrat ? Ce n'est pas une raison solide, car il ne s'agit pas de déterminer quel est l'effet du contrat entre les parties, mais de limiter les effets de l'acte envers des personnes qui ont la qualité de tiers.

En pratique, cette théorie aurait pour résultat de prohiber les donations et certaines formes de legs des biens indivis, ce qui est certainement contraire à l'intention du législateur.

D'après une seconde opinion (2), cette opération serait immédiatement valable, parce que l'immeuble est irrévocablement sorti de l'indivision. C'était la décision du Droit romain (3). On nous propose de l'accepter dans notre Droit, car il ne s'agit plus de savoir quels sont les effets du partage, mais de déterminer les biens *qui doivent être partagés*, et l'on ne voit pas en quoi le principe de l'article 883 aurait modifié l'ancienne règle qui indiquait les biens qui, étant dans l'indivision, devaient être partagés.

---

(1) V. en ce sens : Bastia, 18 avr. 1855, S. 55, 2, 352, et 3 mars 1858, S. 58, 2, 241; Cass., 16 janv. 1810, S., v. 10, 1, 204, coll. nouv. 3, 1, 142; Poitiers, 16 avr. 1822, S., v. 25, 2, 321, coll. nouv. 7, 2, 54.

(2) Ferry-Thémis, VII', p. 490.

(3) D., l. 54, *fam. ercisc.* (10-2), C. J., c. 4, *comm. div.* (3-37). Ces décisions ne sont pas fondées sur l'effet translatif qu'avait le partage en droit romain, mais sur cette idée que l'aliénation a fait sortir l'immeuble de l'indivision.

C'est restaurer sans raison les théories de Du Val et de Despeisse sur les aliénations.

Admettre cette solution, c'est confondre l'aliénation avec la cession. L'aliénation crée un droit nouveau — un droit de copropriété — sur une portion de biens indivis, tandis que la cession n'opère qu'un changement de personnes. Il est impossible, si l'on ne veut introduire dans le Droit civil une nouvelle théorie du titre commun, de ne pas considérer cette dernière opération comme toujours valable, tandis que si l'on applique la même règle à l'aliénation on admet une distinction arbitraire entre la constitution des droits réels et l'aliénation, distinction que nul texte n'autorise. D'ailleurs, introduire un nouveau communiste — une sorte de croupier — dans l'indivision, c'est méconnaître le droit des autres copropriétaires. Ceux-ci ont le droit d'acquérir, en payant des soultes, LA TOTALITÉ DE LA MASSE A PARTAGER franche et libre de toute charge provenant de l'un d'entre eux. Ce serait leur enlever cette prérogative et compliquer le partage que de donner un droit ferme à l'acquéreur d'une portion indivise de l'un des immeubles de la masse commune.

L'opinion généralement admise soumet la validité de l'aliénation aux résultats du partage (1). Le bien sera licité comme s'il n'avait pas été aliéné, et, en cas de licitation, l'opération sera non avenue si un étranger ou un *communiste* autres que l'aliénateur se rendent adjudicataires.

Cette solution soumet, en fait, l'aliénation et la constitution de droits réels à des règles différentes. D'après cette théorie, l'immeuble aliéné est censé ne pas être sorti de l'indivision ; il sera licité comme un bien commun et, si un étranger se

(1) Demolombe, XVII, n. 306 et 307 ; Demante, III, n. 295 *bis*, 5 ; Labbé, note, S. 80, 2, 145 ; Aubry et Rau, VI, § 625, p. 651 ; Laurent, X, n. 257 et 405 ; Huc, V, n. 439 ; Baudry et Wahl, *Successions*, III, 4385 ; Cass., 13 févr. 1838, S. 38, 1, 230 ; Cass., 29 mars 1854, S. 56, 1, 49 ; Cass., 7 janv. 1885, S. 86, 1, 164.

rend adjudicataire, l'aliénation sera résolue, tandis que, dans les mêmes circonstances, un droit réel aurait été valablement constitué. Ainsi, l'acquéreur d'un bien indivis aurait un droit bien plus incertain qu'un créancier hypothécaire d'un communiste.

En admettant, comme nous l'avons déjà fait, que le copropriétaire a un droit *sui generis* dont l'objet est indéterminé et dont la valeur est constante, nous dirons qu'en aliénant l'objet sur lequel porte ce droit le copropriétaire ne transmet pas un droit à la chose, mais un droit à la valeur. Une aliénation de ce genre n'est pas assimilable à une véritable constitution de droits réels : c'est un acte ayant le caractère d'une cession partielle et donnant à l'acquéreur un droit indéterminé. L'aliénation ne fait pas sortir l'immeuble de l'indivision et la licitation sera faite sans que les communistes aient à tenir compte de cette aliénation. Si, à la suite de la licitation, l'immeuble est adjugé à l'aliénateur, son ayant-cause aura droit à l'immeuble. S'il est adjugé à toute autre personne, l'acquéreur pourra réclamer à son auteur la soulte ou l'objet que ce dernier a reçu pour le dédommager du droit qu'il avait sur l'immeuble. Nous appliquerions la même solution en cas de constitution d'usufruit.

Cependant, l'acquéreur n'aura droit à la soulte ou à la portion du prix de l'immeuble que si la liquidation reconnaît au communiste aliénateur un droit au prix. Si l'on admettait que la répartition du prix n'exerce aucune influence sur les droits réels consentis sur l'immeuble, l'acquéreur aurait toujours le droit de réclamer une portion du prix.

Le système que nous adoptons n'est que l'application de la loi 13, § 17, *De actionib. empti.* Malgré la différence que présentent les effets du partage dans les deux législations, nous croyons que ce texte peut être appliqué dans notre Droit. Le partage déclaratif n'enlève-t-il pas aux titulaires de droits réels consentis par les communistes leur qualité de tiers envers ceux-ci, pour leur donner celle d'ayant-cause jusqu'au

moment du partage? Or, cette situation n'est-elle pas la
même que celle de l'acquéreur romain, et pourquoi la solution de Celsus ne serait-elle pas admise dans notre Droit? Cependant, nous ne l'admettrions pas dans son entier à cause des
différences qui séparent les deux législations. Au point de
vue de l'étendue de l'aliénation, le copropriétaire, étant propriétaire éventuel de tout l'immeuble, peut l'aliéner en totalité sans que les règles de la vente de la chose d'autrui soient
applicables (1). De même, les droits et obligations du vendeur
ne seront pas modifiés par la qualité de défendeur ou de demandeur que le coproprétaire aliénateur aurait prise dans l'action en partage. Cette solution a été sanctionnée par le Code
dans l'article 1423. Le legs d'un bien commun, fait par le
mari, doit être exécuté par équivalent lorsque l'objet légué
n'a pas été mis dans son lot. Or, le legs n'est-il pas une des
formes de l'aliénation ? et nous ne voyons pas pourquoi toutes
les aliénations ne seraient pas soumises aux mêmes règles.

C'est avec ces principes que nous allons déterminer la portée de l'article 883 envers les personnes que l'on appelle tiers
et que nous qualifierons d'ayant-droit. Nous nous servirons
de cette expression pour qualifier des personnes qui, n'étant
pas titulaires de droits consentis par les communistes pendant
l'indivision, ont cependant sur les biens indivis des droits que
le partage et surtout la licitation peuvent modifier dans une
large mesure. Nous employons cette expression, au lieu de
continuer à nous servir de celle d'ayant-droit, pour éviter
une confusion, mais nous appliquerons les mêmes principes
à ces deux catégeries de personnes. Ainsi, la communauté
— que l'on peut considérer pour un instant comme une personne morale, — les légataires, les ascendants donateurs seront des ayant-droit. Doit-on appliquer l'article 883 dans les
rapports des copartageants avec leurs ayant-droit? Telle est

_____

(1) Dans ce cas, l'acquéreur aura droit à la totalité de l'immeuble sans avoir
à rembourser la soulte.

la question dont il n'est pas besoin d'indiquer l'intérêt pratique que l'on s'est posé, et la réponse a varié avec l'interprétation que l'on a donnée à cet article. Quant à nous, qui n'avons pas voulu rechercher la portée de l'article 883, nous essaierons de la résoudre en appliquant la théorie que nous avons déjà exposée au sujet des aliénations.

Toutes les fois qu'une question de ce genre se pose, nous avons deux patrimoines distincts : celui du copropriétaire et celui de son ayant-droit. N'est-ce pas une situation analogue à celle qui s'est présentée à nous en cas d'aliénation ? D'un côté un copropriétaire, de l'autre un acquéreur, et il suffira de combiner cette règle générale, que nous avons développée à propos des aliénations, avec les principes spéciaux à chaque matière pour trouver les solutions de détail.

A. — EFFETS SUR LES RÉGIMES NUPTIAUX

A) *Communauté.*

La communauté se compose (art. 1401, 1°) du mobilier qui échoit aux époux pendant le mariage à titre de succession ou donation.

Comment devra-t-on déterminer la part de meubles et la part d'immeubles composant le lot échu à suite de succession à l'un des époux ? Trois systèmes sont en présence. Le premier généralise la portée de l'article 883. Nous avons déjà indiqué ses arguments : l'Ancien Droit ; les termes de l'article 883 ; l'inconvénient d'une double liquidation.

Le second n'applique pas l'article 883. La fiction du partage déclaratif n'a été établie que pour régler les relations des communistes et de leurs ayant-cause, et cette fiction doit être limitée aux cas pour lesquels elle a été faite. Le système précédent est presque abandonné, et la jurisprudence admet que le prix de la licitation ou les soultes ne tombent en communauté qu'à charge de récompense. C'est donc reconnaître que l'article 883 n'a pas une portée générale.

Cette distinction ne repose sur aucune base solide. Dans le partage en nature, pas plus que dans la licitation, les communistes ne reçoivent un lot qui soit une représentation exacte de leurs droits sur les immeubles et sur les meubles. Or, il serait injuste de faire dépendre la composition de la communauté du titre en vertu duquel le communiste a reçu l'attribution d'une chose indivise. Enfin, ce système est le seul qui assure l'application des articles 1096 et 1437. Pour justifier cette solution, il est inutile d'invoquer l'interprétation restrictive qu'on peut donner à l'article 883. La communauté, en tant que cessionnaire des droits sur les meubles, a un droit que la rétroactivité du partage ne peut modifier, sinon il faudrait admettre que le partage peut modifier dans une *large* mesure la *valeur* des droits dont le communiste est investi. Supposons une succession composée de 30,000 francs d'immeubles et de 15,000 francs de meubles, trois héritiers, dont l'un marié sous le régime de la communauté. La valeur du droit qui doit tomber en communauté s'élève donc à 5,000 francs et le caractère mobilier ou immobilier des biens échus au lot du copartageant ne modifiera pas cette valeur, qui restera constante et dont l'objet pourra être mobilier ou immobilier. En résumé, il suffit qu'un droit ait porté, pendant l'indivision, sur un objet mobilier pour qu'il tombe irrévocablement en communauté. En pratique, ce système présente l'inconvénient d'une double liquidation, mais aussi il a l'avantage de mettre les droits de la communauté au-dessus des combinaisons des copartageants.

La jurisprudence admet que les résultats du partage déterminent les biens qui doivent tomber en communauté (1), mais

(1) Caen, 18 août 1880, S. 81, 2, 113.

qu'il faut écarter l'application de l'article 883, relativement aux soultes ou retours de lots dus à l'époux héritier, pour compenser l'infériorité de son lot en immeubles et au prix de la licitation des immeubles héréditaires lorsque ces soultes et ce prix ne lui sont pas fournis en valeurs dépendant de l'hérédité (1).

Les mêmes règles sont applicables à la société d'acquêts stipulée accessoirement au régime dotal (2).

B) *Régime dotal.*

Une femme a des droits indivis sur un ensemble de biens. Elle se marie sous le régime dotal. Quels seront les biens frappés de dotalité ?

Si la femme s'est constitué en dot la part indivise qu'elle avait dans une masse commune, les biens mis au lot de la femme ne seront dotaux que pour les parts acquises sans rien débourser. Nous admettrions la même solution dans le cas de constitution de biens présents et à venir. La femme a bien un droit virtuel à la totalité de la masse indivise, mais ce droit ne peut sortir à effet qu'autant qu'une soulte sera payée, et ce serait contraire au texte de l'article 1543 que de permettre à la femme d'augmenter le montant de sa dot grâce à des soultes. La femme s'est constitué en dot une

---

(1) Cass., Req., 11 déc. 1850, S. 51, 1, 253 ; Nancy, 3 mars 1837, S. 37, 2, 202 ; Bordeaux, 9 déc. 1846, S. 47, 2, 414 ; Douai, 9 mai 1849, S. 50, 2, 180. C'est aussi le système adopté par la majorité des auteurs. Demolombe, XVII, n. 317 ; Rodière et Pont, Tr. du contr. de mar., I, 356 et 431. Le Sellyer, III, 1806 ; Aubry et Rau, III, § 415 ; Bertauld, quest. I, n. 325.

(2) Aubry et Rau, t. V, § 541 *bis*, p. 645.

valeur déterminée et les biens ne seront dotaux que jusqu'à concurrence de cette valeur (1).

Nous adopterions les solutions déjà exposées au sujet de la communauté en cas de constitution de dot portant sur les biens mobiliers ou immobiliers composant une masse indivise.

B. — EFFETS DE LA LICITATION SUR LES DONATIONS

S'il s'agit d'une disposition entre vifs, le communiste pourra donner la totalité d'un immeuble indivis sans que l'article 943 soit applicable, puisqu'il a un droit éventuel sur la totalité de l'immeuble. Si la donation porte sur la totalité ou partie des droits que le donataire possède dans la masse commune, les règles de la cession sont applicables. S'il n'a donné que les droits indivis qu'il avait sur un des biens de la masse commune, on appliquera les règles des aliénations. En cas de succession anomale, sur quels biens portera le droit de retour de l'ascendant donateur d'un bien indivis ?

1° Si le partage n'a pas été fait, le donateur reprend son droit indivis;

2° Si le bien a été licité, deux hypothèses peuvent se présenter :

a) Le donataire s'est rendu adjudicataire, l'ascendant donateur n'aura droit qu'à la portion indivise de l'immeuble qu'il a donné;

---

(1) Aubry et Rau, t. V, § 534, n. 42, p. 543. La jurisprudence et la majorité de la doctrine, invoquant la fiction de l'art. 883, admettent la solution contraire. Cass., Req., 21 mars 1860, D. 60, 1, 297; Limoges, 14 nov. 1876, D. 77, 2, 35; Tessier, Tr. de la dot, I, p. 875; Demolombe, XVII, n. 332; Guillouard, t. IV, n. 1760.

b) Le donateur n'est pas adjudicataire. Si le prix est encore dû, le donateur aura droit à la portion du prix attribuée au donataire (art. 747-2°).

Si le prix a été payé au donataire, la solution de la question dépendra de l'interprétation donnée à l'article 747. Si on admet que l'ascendant ne peut exercer son droit de retour que sur les biens qui se retrouvent en nature dans la succession du donataire, le donateur n'aura, si le prix a été payé, aucun droit dans la succession du descendant. Si l'on adopte au contraire la théorie des subrogations réelles, l'ascendant peut exercer le droit de retour sur les deniers représentant le prix de la licitation qui seront trouvés dans la succession du donataire, à condition de justifier de leur origine (1).

Deux ascendants font une donation de leurs biens à leurs enfants. Quels seront les biens sur lesquels les donateurs exerceront leur droit de retour ?

1° Si l'un des donataires décède avant le partage, l'ascendant donateur reprendra la part indivise qui devait revenir au donataire, et le partage déterminera sur quels biens portera son droit;

2° Les donataires ont fait le partage et l'un des enfants a été loti en biens d'une seule provenance. Il meurt sans descendants, laissant à sa survivance le donateur dont les biens ne lui ont pas été attribués. Peut-on dire que le descendant, en abandonnant sa part sur ces biens pour se faire lotir sur ceux de l'autre ascendant, en a fait une aliénation détruisant les conditions d'exercice du droit de retour ? Nous ne le croyons pas, car les donateurs, en faisant une donation à plusieurs, leur ont conféré seulement des droits indivis sur

---

(1) Si l'on adopte l'opinion de Malleville (analyse du Code, sur l'art. 747, t. II, n. 192), qui admet que l'ascendant peut toujours reprendre l'équivalent de son droit, le donateur pourra, dans tous les cas, reprendre dans la succession du donataire une valeur équivalente au montant de la portion du prix de la licitation attribuée au descendant.

une masse commune. Ils ont donné un droit à une valeur fixe dont le partage déterminera l'objet, et c'est cette valeur qu'ils peuvent reprendre. On ne peut prétendre qu'il y a eu aliénation, car le partage n'a pas ce caractère *jus non attribuit sed quaesitum distinguit;* et c'est le cas ou jamais d'invoquer le principe de l'article 883 (1). Si le bien a été licité, adjugé à un étranger, et le prix payé, l'ascendant aura droit au prix, si l'on admet la théorie de la subrogation réelle, et à condition de justifier de l'origine des deniers qui se trouvent dans la succession du donataire.

Si, au contraire, c'est l'ascendant de qui proviennent les biens qui exerce son droit de retour, c'est l'étendue de la donation par lui faite et non les résultats du partage qui détermineront le montant de son droit. « Il faut qu'il y ait un rapport exact entre ce qu'il réclame à titre héréditaire et ce qu'il a donné (2). »

Nous appliquerions les mêmes solutions au cas où les ascendants eux-mêmes auraient fait le partage.

C. — Effets de la licitation sur les legs de biens indivis

Un testateur a légué l'objet dont il est copropriétaire. Si l'objet ne tombe pas au lot du testateur, doit-on annuler le

---

(1) V. en ce sens : Baudry, Wahl, III, 4414, *contra* Vigié, *Rev. crit.*, XXIII, 1894, p. 403.

(2) Vigié, *loc. cit.*, Bordeaux, 20 mars 1867, *Journ. des not.*, n. 2060; Angers, 3 mai 1871, S. 71, 2, 243 ; *contra* Rennes, 3 nov. 1893, *Journ. des not.*, 1894-9113. Ce système consacre une iniquité : si le donateur meurt laissant ses deux ascendants, l'un reprendra la totalité de ses biens tandis que l'autre ne recueillera rien.

legs parce que le *de cujus*, n'ayant jamais été propriétaire de l'objet, a légué la chose d'autrui, ou doit-on, au contraire, attribuer au légataire la totalité de l'objet s'il est tombé en entier au lot du testateur?

Il faut distinguer deux hypothèses :

1° L'indivision a cessé avant la mort du testateur ; si le *de cujus* a reçu sa part en nature, le legs s'exécutera. Le partage ayant été fait avant le décès du testateur, le droit de copropriété qu'il avait sur la totalité de la chose s'est transformé en un droit de propriété sur tout ou partie de l'objet. Le *de cujus* est donc mort propriétaire de l'objet et le legs s'exécutera.

Si l'objet n'a pas été mis au lot du testateur, on admet que le *de cujus*, en perdant son droit de copropriété, a perdu le droit de le léguer et que le legs ne doit pas être exécuté, sauf s'il ressort de l'intention du testateur qu'à tout événement il a voulu procurer l'objet ou sa valeur au légataire. Nous croyons que c'est appliquer à tort les règles des aliénations au partage. Cette opération ne modifie pas le droit du copropriétaire qui a un droit ferme et déterminé sur un bien ou une masse commune; elle ne fait qu'indiquer l'objet sur lequel portera son droit, et le légataire peut toujours réclamer ce qui a été attribué au testateur pour le remplir de ses droits.

Si le testateur a recueilli tout l'objet sur lequel il avait un droit indivis et s'il s'agit d'un legs universel, le légataire, étant investi de toute l'hérédité, aura droit, par sa vocation universelle, à la totalité des objets tombés au lot du testateur. Si c'est un legs à titre universel, un nouveau partage sera nécessaire, et c'est cette dernière opération qui déterminera l'objet sur lequel porteront les droits du légataire. Si c'est un legs de corps certain, il faut s'en référer à l'intention du testateur. S'il a voulu léguer la totalité de l'objet, le légataire recevra toute la chose ou toute la part de l'objet échu au testateur à suite de partage, et cela en vertu de l'article 883, et aussi parce qu'en admettant que l'objet fût chose d'autrui au moment du testament, il est devenu la propriété du testateur avant sa mort, ce qui est suffisant pour la validité du legs. Si, au contraire, le testateur n'a légué que la portion de la chose dont il était copropriétaire, le légataire n'aura droit qu'à cette portion, même si le testateur a acquis la totalité de l'objet à suite de licitation (1).

2° L'indivision subsiste au décès du testateur.

Si le *de cujus* n'était propriétaire par indivis que d'un seul bien ou s'il a légué la totalité ou une quote-part de ses droits dans une masse commune, le légataire est cessionnaire des droits de son auteur. Il concourt au partage à titre de copropriétaire, et, s'il se rend adjudicataire, l'article 883 sera applicable.

Si le droit indivis légué porte sur une chose qui fait partie d'une masse de biens dont le testateur est copropriétaire, le partage se fera sans que les communistes aient à tenir compte du legs; mais si la chose ne tombe pas au lot des héritiers du *de cujus*, le légataire aura toujours droit à la valeur mise au lot des cohéritiers en compensation de leur part indivise.

Si le testateur a légué la totalité de l'immeuble (2), ses héritiers seront obligés de délivrer au légataire la totalité de l'objet, s'il leur échoit à suite de partage, ou de lui en donner la valeur; car le légataire est, après la mort du *de cujus*, dans la même situation que l'acquéreur d'un bien indivis. D'ailleurs, cette solution est consacrée par l'article 1423, et nous ne pensons pas que, malgré ses pouvoirs exceptionnels sur les biens communs, il faille faire au mari une situation privilégiée (3).

Une personne qui avait des droits indivis sur un immeuble meurt laissant un légataire aux meubles et un légataire aux

---

(1) Demante, t. IV, 166 *bis*, VII et suiv.; Laurent, XIV, n. 137.

(2) Dans ce cas, il n'y a pas legs de la chose d'autrui (art. 883). Il faudrait admettre le contraire en droit romain.

(3) Demante, IV, 166 *bis*, IX.

immeubles. Si l'indivision cesse par une licitation, la part du prix attribuée au *de cujus* appartient au légataire d'immeubles. Ce serait ne pas respecter la volonté du testateur que d'appliquer l'article 883 en cette matière. Les principes déjà exposés sur les aliénations sont applicables. Le droit du légataire est fixé par la nature mobilière ou immobilière de l'objet sur lequel il porte, et le partage ne doit pas éteindre un droit dont il ne peut que déterminer l'objet (1).

D. — EFFETS DE LA PRESCRIPTION

Le partage étant un acte déclaratif (2) ne peut être considéré comme un juste titre susceptible de servir de base à la prescription de dix à vingt ans. Il en est de même de la licitation terminée par une adjudication au profit de l'un des copropriétaires (3).

---

(1) Il en serait de même si le testateur, ayant une part indivise dans une succession mobilière et immobilière, laissait un légataire des meubles et un des immeubles. (V. Bertauld, *Questions pratiques*, p. 260, *contra* Demolombe, XVII, 319.)

(2) Rappelons que l'action en partage est imprescriptible. M. Vazeille (*Traité de la prescr.*, n. 106) admet que cette règle ne s'applique ni aux biens des communautés d'habitants ni à ceux des ordres religieux approuvés par le Gouvernement, car l'indivision est de l'essence de ces Sociétés, et c'est la règle inverse qui devrait être admise.

(3) Duranton, XXI, n. 360; Troplong, Tr. de la prescrip., II, n. 886; Demolombe, XVII, n. 324; Le Sellyer, III, 1811; Laurent, t. VIII, n. 324; Bertauld, *Rev. crit.*, 1864, p. 393. — Colmar, 9 févr. 1848; S. 50, 1, 513. Les uns adoptent cette solution en invoquant la portée générale de l'article 883; d'autres essaient de justifier leur opinion en disant que le partage, étant dévestitif plutôt qu'investitif, ne crée pas une nouvelle cause de possession, « car chaque copartageant se trouvait dès avant le partage investi d'un droit indivis dans chaque

A notre avis, on peut justifier l'application de règles spéciales au partage et à la licitation sans invoquer l'article 883.

Les droits divisés par le partage ne supposent pas nécessairement un droit de propriété. S'il s'agit d'une succession, par exemple, l'auteur commun pouvait n'avoir que des droits mal définis que les communistes se partageront tels quels, et il serait injuste de permettre aux communistes de modifier à leur avantage le titre en vertu duquel ils détiennent un immeuble.

Ainsi, le communiste ne pourra que continuer la possession de son auteur et prescrire aux mêmes conditions que lui. Si l'auteur commun ne pouvait prescrire que par trente ans, ce ne sera que par la prescription trentenaire que le communiste pourra acquérir l'immeuble. Si l'auteur commun pouvait invoquer une plus courte prescription, le communiste pourra acquérir l'immeuble dans les mêmes conditions, et il pourra joindre la possession de son auteur à la sienne. On a présenté cette dernière proposition comme une conséquence de l'article 883 (1). L'effet déclaratif n'a rien à faire ici, puisque toute personne peut joindre sa possession à celle de son auteur en vertu de l'article 2235, et la même solution serait applicable au tiers acquéreur qui ne bénéficie pas de l'effet rétroactif.

Un immeuble indivis entre un majeur et un mineur a été licité. L'immeuble est adjugé au copropriétaire majeur. Nous supposons que cet immeuble avait un droit de servitude sur un fonds voisin.

---

atome de la portion matérielle qui lui est attribuée. V. en ce sens : Aubry et Rau, t. VI, § 568, p. 625, n. 31. Cependant, MM. Baudry et Wahl, Successions, III, 4416, admettent que le partage peut servir de base à la prescription de dix à vingt ans, parce qu'il est translatif de droits en dehors de la fiction de l'art. 883, inapplicable ici.

(1) Daniel de Folleville, « De la jonction des possessions » (*Rev. prat.*, XXI, 1871, n. 45. (Cass., 10 déc. 1845, S. 46, 1, 241.)

Le copropriétaire majeur qui s'est rendu adjudicataire peut-il dire que la prescription n'a pu courir contre lui, puisqu'un des communistes était mineur? ou doit-on admettre qu'en vertu de l'article 883 le mineur, n'ayant jamais été copropriétaire, la prescription a pu courir pendant l'indivision contre le majeur qui s'est rendu adjudicataire?

On essaie de justifier la première solution en disant que la maxime *minor relevat majorem* ne doit pas être appliquée dans l'intérêt des majeurs et que, si l'exercice de la servitude arrête la prescription, il n'est pas prouvé que cette prescription sera suspendue si le partage écarte de la propriété le communiste qui a exercé la servitude (1).

L'opinion contraire nous semble préférable. L'article 710 décide que la présence d'un mineur conserve le droit des autres copropriétaires. Vainement, la jurisprudence essaie de détruire l'argument tiré de cet article en disant que ce texte ne s'applique qu'aux cas de « copropriété permanente et définitive et non à celui d'une simple indivision transitoire (2) ». La généralité des termes de cet article ne permet pas cette interprétation, et ce serait restreindre arbitrairement cette disposition que de ne l'appliquer qu'à ce cas exceptionnel, car l'indivision est toujours considérée comme un état transitoire. D'ailleurs, il suffit de rapprocher l'article 710 de l'article 709, qui décide que la jouissance de l'un des copropriétaires empêche la prescription à l'égard de tous, pour deviner la pensée du législateur. La présence du mineur équivalant à l'exercice de la servitude empêche la prescription à l'égard de tous les copropriétaires. Ce serait aller contre la volonté du législateur que de retourner contre eux la disposition de l'article 883, qui n'a été faite que pour les protéger (3).

---

(1) V. en ce sens : Marcadé, sur l'art. 2252. Fuzier Herman, art. 883, n. 67.

(2) Cass., 27 août 1853, S. 53, 1, 707 ; v. aussi Cass., 2 déc. 1845, S. 46, 1, 21.

(3) Demolombe, XII, 999 et XVII, 326; Aubry et Rau, VI, § 625, n. 30, p. 568; Huc, IV, n. 466; Bertauld, *Rev. crit.*, XXIV, 1864, p. 393; Le Sellyer,

Un immeuble est indivis entre deux personnes dont l'une demeure dans le ressort de la Cour où l'immeuble est situé, tandis que l'autre habite un autre ressort. Si l'immeuble est adjugé à la seconde, faudra-t-il dix ou vingt ans pour que la prescription soit accomplie contre elle ? L'article 883 est applicable, car nous n'avons en cette matière aucun texte qui déroge à cette disposition, et l'héritier pourra invoquer l'article 883 pour soutenir qu'il a fallu au tiers une possession de vingt ans (1).

Supposons que quelques copropriétaires ont interrompu la prescription (2). Si l'immeuble est attribué à celui qui a interrompu la prescription, celui-ci, étant censé avoir toujours été propriétaire de l'immeuble, la prescription n'a pu courir contre lui.

Devons-nous admettre que le tiers qui a prescrit sera dans l'indivision avec les autres communistes ? Ce serait permettre à l'un des copropriétaires de modifier, par son dol ou tout au moins par sa négligence, les droits des autres. Ceux-ci ayant un droit portant sur la totalité de la masse commune qu'ils peuvent transformer en un droit de propriété en payant des soultes, ce serait leur enlever ce droit éventuel à la totalité des biens indivis que de reconnaître un droit de copropriété à celui qui a prescrit contre l'un d'eux. Nous appliquerions à cette hypothèse la même solution qu'en cas d'aliénation. Le partage se fera sans tenir compte de la prescription, et le tiers qui a prescrit aura droit à la soulte ou, en cas de partage en nature, aura droit à la part de celui contre lequel il a prescrit.

III, n. 1812 ; Demante, II, 568 *bis*, 1 et 2 ; Nancy, 29 nov. 1851, S. 51, 2, 799 ; Cass., 12 juill. 1869, S. 70, 1, 82. La même solution était admise en Droit romain. D., l. 16 (7-6).

(1) Tambour, thèse, p. 185.

(2) Dans l'Ancien Droit, quelques auteurs admettaient que l'interruption faite par un des cohéritiers profitait à tous. V. coutumes Bourbonnais, art. 35 ; Nivernais, tit. 36, art. 5 ; Berry, tit. 12, art. 13 ; Anjou, 435 ; Domat, liv. III, tit. VII, sect. 5, art. 16 et 17. *Contra* Pothier, De la prescription, n. 55, Des obligations, n. 663, Dunod, p. 58 et 60.

3° Hypothèques et servitudes.

A. — HYPOTHÈQUES

L'hypothèque consentie sur le bien indivis par un autre copropriétaire que l'adjudicataire ne pourra être invoquée valablement contre celui-ci. En effet, le copropriétaire adjudicataire n'étant pas un ayant-cause des autres communistes a, par rapport à eux, la qualité de tiers et n'est pas tenu de respecter les droits consentis par eux sur l'immeuble (1). Peu importe l'origine de l'hypothèque. L'effet rétroactif du partage fera disparaître l'hypothèque judiciaire (2) ou légale aussi bien que l'hypothèque (3) conventionnelle.

L'hypothèque n'est pas maintenue (4) sur l'immeuble, mais

---

(1) L'effet déclaratif pourra être invoqué par les créanciers de l'adjudicataire (art. 1166). (Nîmes, 6 nov. 1869, S. 71, 2, 157.)

(2) Trib. civ. Seine, 28 nov. 1893, *Rép. gén. du Not.*, 1894, art. 7687.

(3) Cass., 9 mars 1886, S. 88, 1, 241 ; Cass., 8 fév. 1893, D. 93, 1, 588. Ces deux arrêts ne se sont occupés de cette question qu'à titre accidentel.

(4) L'hypothèque qui grevait l'immeuble disparaît rétroactivement; mais le conservateur des hypothèques n'est pas fondé à rayer l'inscription sur simple justification que les biens ne sont pas tombés au lot du constituant (voir en ce sens Boulanger, *Tr. des radiations hypothécaires*, 2° éd., t. I, n. 416 ; Metz, 25 mars 1858 ; Paris, 22 fév. 1859, S. 59, 2, 410). Il s'ensuit que le communiste adjudicataire peut exiger des autres copropriétaires la mainlevée des inscriptions grevant l'immeuble licité, et les frais seront à la charge des copropriétaires qui ont constitué le droit réel, car l'adjudicataire ne doit pas être plus mal traité que le tiers détenteur, qui a le droit de demander la mainlevée aux créanciers inscrits (voir en ce sens trib. civ. Seine, 5 déc. 1879 ; *le Droit*, 29 janvier 1880). Mais le créancier a le droit de mettre le débiteur en cause ou d'exercer contre lui la répétition de ce qu'il a payé.

les créanciers auraient-ils le droit de se faire colloquer par ordre sur le prix et non au marc le franc ?

Certains (1) admettent la négative. La survie du droit de préférence au droit de suite est contraire à l'esprit de l'article 883, puisque ce texte déclare que les cohéritiers auxquels les biens ne sont pas échus par le partage sont censés n'en avoir jamais eu la propriété. Donc, il doit en résulter que l'hypothèque constituée par ce cohéritier doit être nulle pour le tout, comme consentie *a non domino*. Enfin, la survivance du droit de préférence au droit de suite est une exception qui ne peut résulter que d'un texte formel. Or, aucun article ne parle de cette survivance.

Nous admettrions, avec une partie de la doctrine (2), que la prétention des créanciers est légitime. L'article 883 ne peut y faire obstacle, puisque ce texte ne déclare pas nuls les droits consentis durant l'indivision par d'autres communistes que l'adjudicataire : il dit que chaque cohéritier est censé avoir été propriétaire *ab initio* du bien mis dans son lot. N'est-ce pas se conformer à l'esprit et au texte de la loi qu'admettre la survie du droit de préférence au droit de suite ?

Le communiste a, pendant l'indivision, une sorte de droit *sui generis* dont la transmission, pas plus que les démembrements, ne doivent porter préjudice aux autres copropriétaires. Si l'objet grevé du droit n'est pas mis au lot du constituant, le créancier ne pourra exercer le droit de suite sur l'immeuble, car ce serait violer les principes de l'article 883 ; mais nous ne voyons pas pourquoi le créancier ne conserve-

---

(1) Demolombe, XVII, n. 320 ; Le Sellyer, III, n. 1807 ; Laurent, X, n. 419 ; Talandier, *Rapport*, D. 88, 1, 249 ; Fuzier Herman, art. 883, n. 45 ; Baudry-Wahl, III, 4370.

(2) Aubry et Rau, t. VI, § 625, p. 643 ; de Folleville, *Revue générale de droit*, 1877, p. 403 ; Rodière, *Rev. de lég.*, 1859, p. 309 ; Duquaire, *Rev. crit.*, 1853, t. III, p. 806 ; Dayras, *Rev. prat.*, 1878, p. 319 ; Huc, V, n. 440 ; Duvergier, *Tr. de la vente*, II, n. 144 ; Colmet de Santerre, *Rev. crit.*, XXIV, 1864, p. 490.

rait pas son droit de préférence sur la portion du prix attribuée par la liquidation au communiste, puisque la distribution de la part du prix revenant au constituant n'intéresse
nullement les autres communistes (1).

Il est regrettable que la jurisprudence n'admette pas cette
solution (2), puisque les copropriétaires n'ont aucun intérêt
à ce que la part du prix de la licitation attribuée à l'un
d'entre eux soit distribuée par ordre ou au marc le franc.

La pratique a essayé de rendre l'hypothèque sur biens indivis moins incertaine en employant des moyens détournés.
En constituant l'hypothèque, le copropriétaire cédera sa part
éventuelle dans le prix de la licitation (3), et pour que cet
acte soit opposable aux autres communistes, le créancier
signifiera la cession avant le partage. Pour que le cessionnaire soit garanti contre toute éventualité, il doit se faire
céder le droit à la soulte et aux biens dont le communiste
pourrait être attributaire en cas de partage en nature (4).

En supposant que ce procédé donne une garantie complète (5) au créancier hypothécaire, il n'en est pas moins

---

(1) Faisons remarquer que cette solution, qui n'est qu'une des conséquences
des principes déjà exposés, présente l'avantage de soumettre les aliénations et
les démembrements de propriété à une même règle. Le créancier ou l'acquéreur
auront leurs droits reportés sur la valeur échue au lot du constituant, pourvu
que la liquidation reconnaisse à ce dernier un droit au prix.

(2) Cass., 11 janvier 1881, S. 83, 1, 208; Cass., 16 avr. 1888, S. 88, 1, 216.
Contra, Aix, 23 janv. 1835, S. 35, 2, 267; Trib. civ. de Mont-de-Marsan, 13
août 1886, *Gaz. du Pal.*, 86, 2, suppl. 83; Alger, 4 avril 1877. La loi belge du
15 août 1854, art. 2, a établi la survie du droit de préférence au droit de suite.
Il serait bon qu'une disposition analogue soit introduite dans notre Droit.

(3) C'est une pratique courante. V. Paris, 16 juill. 1866, *Rev. not.*, art. 1677
et 1672, Legrand, *Rép. gén. des not.*, 1890, art. 5413.

(4) La jurisprudence décide que la signification de cession produit ses effets
à sa date, puisqu'elle a été faite en réalité à celui qui, par l'événement du partage, est réputé avoir été copropriétaire et débiteur au moment où elle a eu
lieu.

(5) Si l'on admet avec l'immense majorité de la jurisprudence et de la doc-

vrai que le communiste n'aura à sa disposition qu'un moyen de crédit très limité et très incommode : très limité, puisqu'il ne pourra céder qu'une fois ses droits ; très incommode, parce que la cession le dépouillera d'un droit dont la valeur peut être bien supérieure à celle de l'objet de l'obligation.

L'opinion généralement admise soulève deux difficultés de détail qui, si l'on admet la survie du droit de préférence au droit de suite, ne se posent que lorsque la liquidation, n'ayant reconnu au débiteur aucun droit sur le prix, le créancier n'est pas colloqué dans l'ordre.

1o Doit-on permettre au créancier dont l'hypothèque a disparu rétroactivement de demander à son débiteur soit des sûretés nouvelles, soit le remboursement de sa créance ? On a soutenu l'affirmative en disant : « Pour que le créancier ait le droit de demander de nouvelles sûretés à son débiteur, l'article 2131 n'exige pas que les immeubles hypothéqués aient péri ou subi des dégradations par la faute du débiteur ; il suffit que ces immeubles soient devenus insuffisants pour la sûreté de la créance. L'article 2020 a appliqué ce principe à la caution ; dans ce cas, quoique l'insolvabilité de la caution ne soit pas la conséquence de la faute du débiteur, celui-ci n'en est pas moins tenu à fournir une nouvelle sûreté (1).

Nous ne croyons pas que ces raisons soient décisives, parce que le créancier a dû prévoir cette cause d'extinction de l'hypothèque (2), et il avait le droit d'intervenir au partage

trine que l'art. 883 est applicable au cessionnaire, le créancier ne sera pas garanti contre le paiement du prix que le cessionnaire peut faire entre les mains du copropriétaire car, le cessionnaire étant un ayant-cause à titre particulier, n'est pas tenu de remplir les obligations de son auteur. V. en ce sens Labbé, note, S. 88, 1, 243.

(1) V. note, S. 38, 2, 154.

(2) Nous supposons que le créancier savait que son hypothèque portait sur un bien indivis. S'il a été induit en erreur par le dol du débiteur, nous croyons que l'article 2131 serait applicable.

pour sauvegarder ses droits. Certains auteurs ajoutent que le créancier ne peut prétendre à une nouvelle sûreté en invoquant l'article 2131, puisque l'ancienne n'a jamais existé.

L'article 2130 permet d'hypothéquer les biens à venir à condition que le débiteur hypothèque en même temps ses biens présents et exprime leur insuffisance. Si l'hypothèque sur les biens présents indivis a disparu par suite de la licitation, l'hypothèque sur les biens à venir est-elle valable ? La question ne se pose pas si l'on admet la survie du droit de préférence au droit de suite ; sinon, le constituant étant censé n'avoir jamais été copropriétaire, il faut admettre que les biens à venir ne sont pas valablement hypothéqués, puisqu'il n'y a jamais eu de biens présents. Et qu'on ne dise pas que le contrat réunissant, lors de sa formation, toutes les conditions requises par l'article 2130, l'hypothèque sur biens à venir aura une existence indépendante de l'hypothèque sur les biens présents ; ce serait méconnaître les dispositions de l'art. 1179, qui consacrent la rétroactivité de la condition (1).

Au point de vue qui nous occupe, les principales conséquences de la théorie que nous avons exposée au sujet des hypothèques sont les suivantes :

1° Si l'immeuble est adjugé à l'un des communistes, le créancier hypothécaire de l'un des copartageants ne peut ni faire une surenchère du dixième ni donner suite à la surenchère qu'il a antérieurement formée sur cet immeuble (2).

---

(1) La jurisprudence adopte, pour des raisons pratiques, l'opinion contraire (Cass., 11 mars 1895, D. 95, 1, 305). — En pratique, le meilleur moyen de donner une assiette sûre à l'hypothèque de biens à venir consiste à faire acheter par le débiteur un immeuble quelconque, ne serait-ce que quelques mètres de terrain. Ainsi, le sort de l'hypothèque sur biens présents étant indépendant des événements du partage, l'hypothèque sur biens à venir frappera valablement tous les immeubles tombés au lot du communiste ; et si celui-ci est rempli de ses droits en argent, le créancier fera valoir la cession du droit aux soultes ou au prix de la licitation qui lui aura été consentie.

(2) Baudry-Wahl, III, 4382 ; Paris, 26 mars 1845, S. 46, 2, 78 ; Dijon, 7 mars 1855, D. 57, 2, 127.

Ce serait méconnaître le principe de l'effet déclaratif du partage que permettre aux créanciers de surenchérir ; car, dans cette hypothèse, le droit réel consenti par un communiste leur serait opposable ;

2° Si le communiste qui a constitué l'hypothèque acquiert, après le partage, les biens sur lesquels il l'a constituée, on admet généralement que celle-ci ne renaît pas (1) ;

3° L'hypothèque éteinte par l'adjudication au profit d'un autre communiste que le constituant se transporte sur les autres biens échus à l'un des copartageants s'il s'agit d'une hypothèque générale (2). D'après la théorie que nous avons admise, s'il s'agit d'une hypothèque spéciale et que le créancier n'ait pas été colloqué sur le prix de l'immeuble, elle devrait être transportée sur les biens mis au lot du communiste qui l'a consentie. Mais nous croyons que le principe de la spécialité de l'hypothèque (art. 2129) s'oppose à ce transport (3) ;

4° Si l'immeuble est adjugé à un autre copropriétaire que le constituant ou à un étranger, dans le premier cas, le créan-

(1) V. en ce sens : Demolombe, XVII, n. 304 ; Fuzier-Herman, sur l'art. 883, n. 37 ; Baudry-Wahl, III, 4371. La solution de cette question dépend du point de savoir si l'hypothèque sur la chose d'autrui est valable (voir, pour l'affirmative, Demante, IX, p. 175, contra Vigié, III, n. 1372), car nous ne voyons pas pourquoi le créancier qui a reçu une hypothèque sur un bien indivis adjugé à un communiste ne serait pas traité, en vertu de l'effet rétroactif du partage, comme un créancier qui a reçu une hypothèque sur la chose d'autrui. Cependant la jurisprudence, qui reconnaît la validité de l'hypothèque sur la chose d'autrui (voir en ce sens : Metz, 30 avr. 1836, S. 38, 2, 168 ; Cass., 3 août 1859, S. 59, 1, 801 et 811 ; Cass., 18 déc. 1875, D. 76, 1, 97), n'admet pas que l'hypothèque sur biens indivis renaisse quand l'ancien copropriétaire qui l'a consentie acquiert l'immeuble après le partage.

(2) Demolombe, XVII, n. 304 ; Aubry et Rau, VI, § 625, note 16, p. 561 ; Baudry-Wahl, III, 4371.

(3) En pratique, on pourrait tourner la difficulté en constituant une hypothèque sur biens à venir, car nous croyons qu'il y a insuffisance de biens présents quand le débiteur ne possède que des biens indivis.

cier n'a dro it à être colloqué que sur la portion du prix attribuée à son débiteur ; dans le second cas, l'hypothèque n'est
maintenue sur l'immeuble que si la liquidation reconnaît que
le débiteur a eu des droits sur l'immeuble (1) ;

5° Le créancier hypothécaire ne peut faire vendre les biens
indivis sur lesquels porte son droit. D'après l'article 2205, il
doit provoquer le partage, puis faire vendre les biens attribués à son débiteur (2) ;

6° La cession du prix faite par le débiteur n'est pas opposable au créancier hypothécaire (3) ;

7° L'indivisibilité de l'hypothèque ne rend pas indivisible
la créance elle-même (4).

B. — ETENDUE DE L'HYPOTHÈQUE LÉGALE DE LA FEMME D'UN COMMERÇANT

L'article 563 du Code de commerce décide que, dans certains cas, l'hypothèque de la femme d'un commerçant ne porte
que sur les immeubles qui appartenaient au mari à l'époque
du mariage ou qui lui adviennent depuis à titre de succession

---

(1) V. en ce sens : Grenoble, 2 juin et 19 août 1863 ; D. 64, 2, 100 ; Dijon,
2 mars 1889, D. 93, 1, 191 ; Demante, III, 225 *bis*, IV ; Demolombe, XVII, 275 ;
Aubry et Rau, VI, § 625, p. 564, *contra* Laurent, X, 400 ; Cass., 14 déc. 1887,
D. 88, 1, 385 ; Cass., 17 fév. 1892, D. 93, 1, 191.

(2) Cela s'applique aussi aux créanciers chirographaires. Nous admettons
que le créancier peut cependant saisir les biens indivis. Puisque le communiste
peut aliéner les biens indivis, ses créanciers ont le droit de les saisir, et on ne
voit pas pourquoi les créanciers ne pourraient saisir pour sauvegarder leurs
droits, au cas où l'immeuble serait mis au lot de leur débiteur. (V. en ce sens
Lyon, 20 mai 1854, S. 56, 2, 271.)

(3) *Contra*, Pau, 8 fév. 1887, S. 87, 1, 125.

(4) Baudry-Wahl, III, 4293.

ou donation. L'hypothèque légale portera-t-elle sur la totalité de l'immeuble dont le mari se sera rendu adjudicataire à suite de licitation ? Il semble qu'il serait facile de résoudre la question en appliquant les principes déjà exposés. L'article 563, dirait-on, n'a porté aucune dérogation au principe de l'article 883, et, comme le mot succession dont se sert l'article 563 est inséparable de l'idée de partage, on doit admettre que le commerçant qui a acquis des biens, soit en vertu d'un partage en nature, soit en vertu d'une licitation, est censé détenir ces biens à titre de succession. L'article 883 étant d'ordre général, l'article 563 (Comm.) ne l'écartant pas par une disposition formelle, l'hypothèque de la femme doit porter sur tous les biens acquis à titre de partage par le commerçant.

Cette solution, qui est celle de la jurisprudence, est vivement critiquée par la doctrine, à cause de ses résultats pratiques.

L'article 883 est fait, il est vrai, dans l'intérêt des communistes, et les créanciers du commerçant, étant ses ayant-cause, ne pourraient prétendre que l'article 883 est une fiction qui ne doit pas leur nuire. Mais est-ce le but que s'était proposé le législateur dans l'article 563 ? Il a voulu prévenir les fraudes que le commerçant ferait pour enrichir sa femme aux dépens de ses créanciers. Avec cette interprétation, le but est manqué, car le commerçant pourra diminuer le gage de ses créanciers en se faisant adjuger des immeubles dont il acquittera le prix avec les fonds affectés à son commerce. C'est cette fraude que le législateur a voulu prévenir, et le mot succession doit être expliqué, dans l'article 883, en tenant compte du motif qui a guidé le législateur, c'est-à-dire laisser le gage des créanciers intact sur les biens acquis par le mari à titre onéreux. Il faut admettre, pour se conformer à l'intention du législateur, que l'hypothèque légale ne porte que sur les biens acquis par le commerçant sans bourse délier. Quand le prix de l'immeuble dont il se rend adjudicataire est fourni en deniers provenant de la masse commune, l'hypothèque portera sur l'immeuble. Si les deniers proviennent du patrimoine du commerçant, l'hypothèque ne portera pas sur l'immeuble (1).

Nous reconnaissons que cette solution mixte n'est pas très conforme aux principes juridiques. La distinction que nous faisons n'a pas été consacrée par les textes, mais en pratique elle a l'avantage de concilier l'intérêt de la femme avec celui du mari commerçant.

Les règles que nous venons de mentionner, étant exceptionnelles, ne sont applicables qu'en faveur des créanciers du mari. Si leur intérêt n'est pas en jeu, la fiction du partage déclaratif reprend tout son empire.

Nous avons déjà dit que la jurisprudence décide que le partage détermine les biens sur lesquels doit porter l'hypothèque légale (2). Elle admet aussi que la femme séparée de biens ne pourrait éluder la disposition de l'article 563 (Comm.) en poursuivant la liquidation de ses reprises, ce qui transformerait son hypothèque légale en hypothèque judiciaire. Cette solution semble singulière. L'on ne voit pas pourquoi le jugement obtenu par la femme en temps non suspect et l'inscription prise avant la faillite, en vertu de ce jugement, ne produirait pas le même effet que l'inscription prise par un créancier dont les droits ont été reconnus en justice (3).

---

(1) Un grand nombre d'auteurs admettent cette opinion avec des variantes qu'il est inutile de rapporter. (Demolombe, XVII, 328 ; Aubry et Rau, III, § 264 *ter*, p. 234, note 49 ; Le Sellyer, III, n. 1813 ; Lyon-Caen, II, 3053 ; Paris, 8 avr. 1851, D. 54, 2, 112 ; Caen, 18 avr. 1866, D. 69, 2, 44.)

(2) Cass., 10 nov. 1869, S. 70, 1, 5 ; Limoges, 14 mai 1853, S. 52, 2, 567 ; Angers, 27 mai 1864, S. 64, 2, 270. — V. aussi Baudry-Wahl, *Successions*, t. III, 4413 ; Bertauld, *Rev. crit.*, XXXIV, p. 392.

(3) Cass., 14 juin 1853, D. 53, 1, 185 et la note.

C. — Servitudes

A notre avis, les servitudes personnelles, telles que l'usufruit, l'usage, l'habitation, seront soumises aux mêmes règles que les aliénations de portions indivises.

Pour les servitudes indivisibles, nous croyons qu'une pré-
cision est nécessaire à leur sujet. Un communiste ne peut
constituer une servitude de ce genre sur le bien commun, à
cause du caractère indivisible du droit constitué. C'était la
décision du Droit romain (1); il en est de même dans notre
droit (2), mais l'effet déclaratif pourra valider rétroactivement
cette constitution de droit réel si l'immeuble est adjugé au
constituant; on consacrera sa non existence s'il est adjugé à un
autre copropriétaire ou à un étranger. Dans le premier cas,
l'acquéreur aura droit à la servitude; dans le second la nullité de l'acte sera consacrée rétroactivement, et l'acquéreur
n'aura droit à rien.

4° La folle enchère est-elle possible?

Quand la licitation est terminée par une adjudication au
profit d'un communiste, la folle enchère ne sera pas possible.

(1) D., l. 2, *de Serv.*, 8-1; D., l. 19, *de Serv. praed. rust.*, 8-3; D., l. 10, *de
Evictionibus*, 20-2.

(2) Limoges, 23 juin 1838, P. 39, 1, 212; trib. civ. d'Annecy, 2 août 1888,
Rép. gén. du Not., 1890, art. 5314. — On admet à tort que les servitudes indivisibles constituées pendant l'indivision sont soumises aux mêmes règles que les
hypothèques. (Laurent, X, 403; Demolombe, XVII, 305; Huc, V, n. 339; Aubry
et Rau, Vl, § 625, note 17, p. 561.

En effet, les dispositions de l'article 1184 ne sont applicables qu'aux contrats synallagmatiques. « Dans ces contrats où l'engagement d'une partie est toujours pour l'autre la cause de celui qu'elle prend, il est assez naturel que celle-ci n'entende point demeurer obligée si l'engagement réciproque n'est pas accompli (1). » Or, dans le partage, les communistes n'étant pas ayant cause réciproques, il s'ensuit que les principes s'opposent à l'application de l'article 1184 à la licitation. On a objecté que l'effet déclaratif était étranger à la question, puisque la résolution donnait une garantie de plus aux communistes. Nous ne croyons pas que cette observation soit exacte. Ce serait aller contre le but de l'article 883 que d'assimiler le partage à un contrat synallagmatique, et ce serait compromettre la stabilité d'une opération qui ne peut être rescindée sans les plus grands inconvénients que de permettre la folle enchère (2).

En pratique, on admet que les copartageants ne peuvent agir par voie de résolution, mais seulement par voie de saisie immobilière.

Mais si les copropriétaires ont autorisé la folle enchère par une clause formelle du cahier des charges, la résolution de l'opération sera possible. Il peut paraître étrange que cette clause soit valable. N'est-ce pas imprudent que de compromettre la stabilité du partage par une clause qui deviendra de style (3)? Evidemment non, car la licitation, quoique soumise à des règles spéciales, n'en est pas moins un contrat dont les parties peuvent modifier les effets (4). Peu

---

(1) Demante, V, 104.

(2) V. en ce sens : Demante, III, n. 225 *bis*, 4 ; Demangeat, *Rev. prat.*, 1857, p. 271 ; Demolombe, XVII, n. 308 ; Aubry et Rau, VI, § 625, n. 19, p. 562 ; Vigié, II, n. 384 ; Le Sellyer, n. 1801 ; Huc, V, n. 442 ; Dalloz, *Rép.*, Vᵒ *Succession*, n. 2094, qui cite plusieurs arrêts en ce sens.

(3) V. en ce sens : Bordeaux, 22 mars 1834, S. 34, 2, 460 ; Rouen, 18 juin 1841, S. 41, 2, 471 ; Cass., 23 août 1853, S. 54, 1, 507 ; Duvergier sur Toullier, t. II, p. 563, n. *a*. — Traité de la vente, t. II, n. 144.

(4) V. en ce sens : Demolombe, XVII, n. 310 ; Aubry et Rau, VI, § 625,

importe que l'indivision rende cette opération en quelque sorte nécessaire. Ce n'est pas méconnaître le caractère d'ordre public de l'article 883 que de permettre la folle enchère, car une condition résolutoire n'altère pas la nature de l'acte ; la licitation produira l'effet déclaratif jusqu'à la résolution, et, après l'événement de la condition, les parties se retrouveront dans l'indivision. D'ailleurs, admettre le contraire serait rendre les communistes victimes de l'imprudence de l'un d'entre eux (1).

D'après son dernier état, la jurisprudence admet que la folle enchère est possible si elle est autorisée par une clause formelle (2). Cependant, la Cour de cassation reconnaît aux juges du fond le droit d'interpréter une clause formulée en termes généraux comme s'appliquant même à l'acquéreur colicitant (3).

En pratique, il sera bon de mentionner expressément la possibilité de la folle enchère en cas d'adjudication au profit d'un communiste (4).

5° Sort des droits réels pendant la durée de l'indivision.

Les droits réels qui sont consentis par un des communistes sur les biens communs peuvent être annulés rétroactivement

note 20, p. 562 ; Le Sellyer, III, 1803 ; Cass., 6 janv. 1846, S. 46, 1, 120 ; Montpellier, 12 mai 1847, D. 47, 2, 158 ; Nîmes, 30 août 1853, S. 54, 2, 368.

(1) Cependant, cette clause devrait être considérée comme nulle, en vertu de l'art. 815, si la résolution ou la poursuite pour folle enchère pouvaient avoir lieu plus de cinq ans après l'adjudication.

(2) Cass., Req., 2 janvier 1884, D. 84, 1, 315. Mais cet arrêt ne s'appuie sur aucune conclusion en droit.

(3) Cass , 13 avr. 1891, S. 92, 1, 203. V. cep. Bordeaux, 10 janv. 1890, D. 91, 2, 20 et 192.

(4) La poursuite en folle enchère peut être formée contre le communiste qui serait mineur. Cass., 3 août 1848, S. 48, 1, 617.

ou bien sortir à effet, selon la qualité de l'adjudicataire. Mais, jusqu'au partage, les communistes devront les respecter comme des droits consentis sous condition.

1° Un communiste ne peut faire radier des inscriptions d'hypothèques consenties du chef de l'un d'eux (1);

2° Il ne peut faire annluer la vente d'un immeuble consentie par l'un d'eux (2);

3° Si l'acheteur d'un bien indivis procède à la purge, cette opération sera soumise aux résultats du partage (3).

Cependant, un communiste peut toujours revendiquer l'objet indivis ; car, si chaque cohéritier peut aliéner sous condition la propriété du bien commun ou la grever de droits réels, il ne peut abandonner la possession à laquelle tous les communistes ont droit jusqu'à ce que le partage ait déclaré le propriétaire définitif.

De cette règle, nous déduirions que le copropriétaire ne peut constituer une antichrèse ou un précaire sur l'immeuble commun et qu'il ne peut donner en nantissement une chose commune (4). Quel sera le sort d'une saisie faite par un créancier des communistes sur l'objet commun ?

L'article 2205 protège le copropriétaire dont le créancier voudrait saisir et vendre la part ; mais cet article ne parle que des héritiers ; aussi, une partie de la doctrine et la jurisprudence admettent que cette disposition n'est applicable qu'en cas d'indivision entre cohéritiers. L'article 2205, dit-on, étant

(1) Aubry et Rau, VI, § 635 *bis*, note 9, p. 664; Laurent, XI, n. 51; Cass. civ., 20 déc. 1848, S. 49, 1, 179, *contra* Fuzier-Herman, art. 883, n. 20.

(2) Laurent, X, n. 408 ; Baudry et Wahl, *Successions*, III, 4394 ; Bourges, 14 janv. 1831, S. 31, 2, 247.

(3) Demolombe, XVII, n. 307; Aubry et Rau, VI, § 625, n. 17, p. 561; Laurent, X, 409; Cass. civ., 13 fév. 1838, S. 38, 1, 230. Celui qui n'a jamais été ni véritable acquéreur ni propriétaire ne peut avoir purgé l'immeuble qui n'a pas été à lui. (*Motifs.*)

(4) Il y aurait lieu à l'application de l'article 2279 si le créancier gagiste est de bonne foi. Sinon, les communistes peuvent revendiquer l'objet. (Cf. p. 93.)

exceptionnel, ne doit pas être étendu à des hypothèses pour lesquelles il n'a pas été fait, et l'on doit appliquer le texte général, c'est-à-dire l'article 2204 (1).

Nous croyons, au contraire, que ce texte doit s'appliquer à toute indivision sans distinction d'origine. Le Code ne contient pas un titre spécial sur le partage. La matière est plutôt réglementée par des principes traditionnels que par le droit positif, et, si on se bornait à une interprétation littérale, il faudrait refuser l'effet déclaratif à tout acte résolutif d'une indivision qui ne proviendrait pas d'une succession. D'ailleurs, les articles 1476 et 1872 autorisent cette extension des règles du partage de succession aux partages de communauté et de société (2).

La saisie pratiquée du chef de l'un des ayant-cause des communistes sera-t-elle nulle ou simplement soumise aux résultats du partage? Certains admettent qu'en vertu de l'article 2205 toute saisie doit être déclarée nulle quels que soient les résultats du partage (3).

Nous ne croyons pas que cela soit exact. En effet, que défend l'article 2205 ? La mise en vente de l'immeuble commun; mais il ne prohibe pas la saisie, et nous croyons que cet acte de procédure sera valable si l'immeuble est attribué au saisi (4).

---

(1) Metz, 28 janv. 1818, S. 18, 2, 337; Bordeaux, 7 avr. 1840, S. 40, 2, 521; Bourges, 23 juin 1815, D. 2, 1, 162; Liège, 23 janv. 1834, D. 35, 2, 32; Bruxelles, 25 mars 1850, D. 52, 2, 1.

(2) V. en ce sens : Pau, 10 déc. 1832, S. 33, 2, 240; Lyon, 9 janv. 1833, S. 33, 2, 381, et 14 fév. 1839, S. 40, 2, 321; Douai, 2 mai 1848, S. 49, 2, 184. — D'après MM. Aubry et Rau (III, § 221, note 5), l'article 2205 ne s'applique qu'aux cas où l'indivision porte sur une universalité.

(3) Cass., 3 juillet 1826, D. 26, 1, 309.

(4) Demolombe, XVII, n. 307; Cass., 26 juillet 1848, D. 49, 1, 328. (Motifs.)

6° A quelle époque remonte la rétroactivité?

Les biens peuvent avoir été mis dans l'indivision à des époques différentes : dans ce cas, l'effet rétroactif remontera au jour où ces biens sont entrés dans l'indivision.

L'effet rétroactif s'applique au prix de la licitation, mais cet effet ne remontera qu'au jour où la créance est entrée dans l'indivision, *c'est-à-dire au jour de la licitation,* et chaque communiste est censé tenir directement de l'adjudicataire la portion de prix échue dans son lot (1).

Il en est de même pour l'immeuble : la rétroactivité remonte au jour où a commencé l'indivision.

En matière de succession, l'effet rétroactif remonte au jour du décès du testateur (2) si l'objet n'est pas entré, postérieurement à cette date, dans l'indivision. S'il s'agit d'une communauté, c'est au jour du mariage, car la jurisprudence et la doctrine admettent que la communauté n'est pas une personne morale (3).

Pour la société, il faut distinguer. Si la société est une

---

(1) V. en ce sens Laurent (X, n. 398), *contra* Baudry-Wahl (III, 4305).

(2) V. cep. Cass., 28 oct. 1889, S. 91, 1, 545. — Cet arrêt semble faire remonter le droit des héritiers attributaires d'un objet rapporté par leur cohéritier au jour de la donation ; mais l'espèce est si embrouillée que nous ne croyons pas qu'on puisse invoquer cet arrêt comme donnant l'opinion de la jurisprudence sur ce point.

(3) Aubry et Rau, t. V, § 519, p. 431, texte et note 27 ; Laurent, XXIII, n. 18. — V. cependant Zachariae (éd. Masse-Vergé, t. IV, § 651, p. 162), qui soutient que l'effet rétroactif ne remonte qu'au jour de la dissolution de la communauté. Cette solution est restée isolée.

personne morale, l'effet rétroactif remonte au jour de la dissolution (1).

Si la société n'est pas un être moral (2), l'effet rétroactif
remonte au jour où a commencé l'indivision.

Les titulaires d'un droit de copropriété ont pu changer, mais
cela n'empêchera pas l'effet rétroactif de se produire, car la
vente, même à titre particulier, d'une part indivise, subroge
l'acquéreur dans les droits de son vendeur et fait remonter
l'effet rétroactif au jour de l'indivision.

Inversement, celui qui cède sa part indivise à un étranger expose son ayant-cause à l'effet rétroactif si, en cas de licitation, il y a adjudication au profit d'un autre communiste.

Ces principes sont applicables dans tous les cas d'accroissement.

(1) Certains auteurs décident que le partage rétroagit au jour de la constitution de la société, même si elle constitue un être moral. Mourlon, *Traité de
la transcription*, t. I, p. 293 ; Bedarride, *Traité des sociétés*, t. III, n. 632.

(2) La jurisprudence reconnaît la personnalité morale aux sociétés civiles, V.
Cass., 22 février 1898, *Gaz. Pal.*, 22 mars 1898.

VIII

PUBLICITÉ DU PARTAGE

La licitation affecte, par rapport à l'immeuble (1), tantôt le caractère d'un partage, tantôt celui d'aliénation, suivant la qualité de l'adjudicataire. Faut-il conserver cette distinction quand il s'agit des mesures de publicité destinées à faire connaître aux tiers l'état des immeubles sur lesquels ils veulent acquérir des droits ?

Dans l'Ancien Droit, la question ne se posait pas, car la transmission de la propriété s'opérait, à l'égard des tiers, par tradition *brevi manu*, et le partage, comme l'aliénation, étaient dispensés de toute forme de publicité (2).

_____

(1) Si l'on admet que les créances sont divisées *ipso jure*, les formalités de l'art. 1690 destinées à prévenir les tiers ne sont pas nécessaires.

(2) Cependant, les coutumes de nantissement soumettaient les aliénations à une forme de publicité généralement appelée vest et dévest, mais le nantissement était inutile pour le partage entre cohéritiers, sauf dans la coutume de Valenciennes, art. 150.

En Bretagne, le système des Appropriances, qui fonctionna jusqu'au 22 déc. 1795, assurait la publicité de la transmission de la propriété foncière.

Au contraire, dans les pays d'origine germanique, la publicité de la transmission de la propriété a été assurée dès le Moyen-Age (en 1263 pour la Moravie et la Bohême).

Pendant la Révolution, la législation fut modifiée plusieurs fois.

L'article 3 du décret du 19 septembre 1790 remplace provisoirement la formalité du nantissement par la transcription des grosses des contrats d'aliénation ou d'hypothèque au greffe du tribunal du district de la situation des biens.

La loi du 9 messidor an III (27 juin 1795) dispose que toute expropriation d'immeubles doit être reçue devant les officiers publics à peine de nullité (art. 100) et que l'acquéreur doit déposer dans le mois, à la Conservation des hypothèques, une expédition de l'acte, faute de quoi les hypothèques ultérieurement constituées par l'ancien propriétaire seront valables (art. 105 et 106). L'article 104 comprend le partage parmi les expropriations (1).

La loi du 11 brumaire an VII ne s'applique qu'aux aliénations ; donc, toute licitation ayant, par rapport à l'immeuble, le caractère de partage, n'est soumise à aucune publicité.

Sous l'empire du Code civil, les aliénations étant exemptes de toute forme de publicité, le partage aussi bien que la licitation en sont dispensés par *a fortiori* (2).

La loi du 23 mars 1855 ne mentionnant pas les actes déclaratifs comme sujets à transcription, cette formalité n'est pas exigée pour que la licitation terminée par une adjudication au profit d'un communiste soit opposable aux tiers.

La transcription de la licitation est inutile, même dans le cas où le cahier des charges réserverait une servitude au profit d'un autre fonds commun (3).

---

(1) Cette loi fut abrogée avant d'avoir été appliquée par la loi du 11 brumaire an VII (1er nov. 1798).

(2) La transcription d'une licitation ayant le caractère de partage ne serait utile que si l'on admettait avec quelques auteurs que l'héritier, n'étant tenu personnellement des dettes de la succession que pour sa part virile, peut purger les charges pour l'excédent de cette part. V. à ce sujet : Cass., 3 fév. 1874, S. 74, 1, 321. Mourlon, *Rev. prat.*, 1859, p. 113 et 209. Vavasseur, *Rev. prat.*, 1870, p. 171. Testoud, *Rev. crit.*, 1889, p. 163.

(3) On admet généralement que l'acte de partage contenant une constitution

Cette formalité est aussi le préliminaire de la procédure de purge, et il s'ensuit que dans certains cas la transcription de la licitation sera nécessaire. L'application pratique de cette règle soulève de nombreuses difficultés que nous examinerons en traitant des droits fiscaux (1).

Cette distinction faite par la loi de 1855 entre les actes de partage et les actes d'aliénation est des plus critiquables, car les tiers n'ont aucun moyen légal de savoir si un acte aussi important que le partage a été accompli (2). Déjà, les projets de 1849 et 1853 sur la transcription avaient abandonné les errements de la loi de brumaire, et le Conseil d'Etat avait accepté sans discussion le projet qui soumettait tout acte de partage à la transcription; mais, en 1854, le Corps législatif repoussa cette disposition, sous prétexte que le partage était déclaratif et non attributif, et qu'une disposition contraire ne serait pas en harmonie avec le texte de l'article 883.

Le projet du 26 octobre 1896 soumet à la transcription non seulement les actes translatifs ou constitutifs, mais encore les actes déclaratifs de droits réels immobiliers.

L'article 1er soumet à la transcription « tous actes et conventions entre vifs à titre gratuit ou à titre onéreux et tous jugements ayant pour effet de constituer, trans-

---

de servitude n'est pas soumis à transcription. On objecte que les tiers sont intéressés à connaître la constitution de ce droit réel; mais, dans l'état actuel de la législation, cette raison n'est pas suffisante pour obliger à transcrire un acte déclaratif.

(1) Demolombe (XVII, n. 290) n'admet pas que les communistes sans titre commun soient obligés de transcrire.

(2) Les législations étrangères ont abandonné cette distinction entre les actes translatifs et les actes déclaratifs (voir : pour la Belgique, loi du 16 décembre 1851 ; pour l'Italie, loi du 2 avril 1865, qui admettent le système de la publicité personnelle). Il en est de même dans les pays qui ont adopté la publicité réelle (voir : pour l'Autriche, l. du 22 avr. 1794 et 25 juill. 1875; la Hongrie, l. 25 déc. 1855; la Dalmatie, l. 20 fév. 1881; la Pologne, l. 26 avr. 1825; la Russie, l. du 14 avr. 1861 ; l'Espagne, l. 21 déc. 1869; l'Allemagne, v. notamment l. 5 mai 1872; l'Australie, l. du 27 janv. 1858, *Act. Torrens*).

mettre, *déclarer*, modifier ou éteindre un droit réel immobilier ».

L'article 3 applique les mêmes dispositions aux mutations par décès : « Sont aussi rendues publiques les mutations par décès de droits réels immobiliers par la transcription, soit de l'acte constitutif ou déclaratif de la transmission de propriété, soit de la déclaration faite au bureau d'enregistrement. »

L'article 1er s'appliquera aux actes déclaratifs de mutation entre vifs et l'article 3 aux actes déclaratifs d'une mutation par décès. Ainsi, la transcription de la licitation des biens d'une société dissoute sera régie par l'article 1er, tandis que la transcription de la licitation des biens d'une succession sera régie par l'article 3. Mais, si nous supposons une société dissoute par la mort de l'un des associés, l'acte étant à la fois déclaratif d'une mutation entre vifs et d'une mutation à cause de mort, il faudrait appliquer distributivement l'article 1er et l'article 3 (1).

La licitation, quel que soit l'adjudicataire, devra être transcrite pour être opposable aux tiers. C'est ce que décident les articles 2 et 4 du projet. L'article 2, qui traite des actes de mutation entre vifs, n'est que la reproduction des dispositions de l'article 3 de la loi de 1855. L'article 4 s'applique aux mutations par décès; mais, comme il était à craindre que les héritiers, n'étant pas intéressés à la transcription, ne fassent pas les diligences nécessaires pour assurer les mesures de publicité de leurs droits, le législateur intéresse les tiers à la publicité de ces mutations en subordonnant l'opposabilité de leurs droits à l'accomplissement de cette condition. « Aucune aliénation ou constitution de droits réels ne peut être opposée

(1) V. en ce sens de Loynes, « Projet de loi sur la réforme du régime hypothécaire » (*Rev. crit.*, 1897, p. 239). Pour éviter l'application des deux articles, cet auteur propose de remplacer le texte qui parle d' « actes et conventions entre vifs » par l'expression « actes qui constatent ou déclarent l'acquisition entre vifs ».

aux tiers avant la transcription prescrite par l'article précédent. »

On ne peut que louer les intentions de ce projet, qui essaie
de réaliser enfin les tentatives faites en 1850 pour soumettre
à la publicité tous les actes intéressant les tiers. La transcription des actes déclaratifs permettra de reconstituer la liste
complète des propriétaires d'un immeuble. Cependant, les auteurs reconnaissent que l'application de ce projet soulèverait,
en matière de partage, quelques difficultés.

1° Un immeuble est indivis : supposons qu'il s'agisse d'une
mutation par décès. L'un des copropriétaires consent un droit
réel sur l'immeuble. L'acquéreur ou le créancier font transcrire ou inscrire leur titre et ne font pas opposition au partage.
Le partage a lieu hors de leur présence : dans ce cas, cet acte
n'est pas opposable à l'acquéreur ou aux créanciers hypothécaires. Ainsi la stabilité du partage se trouve gravement com-
promise (1);

2° En cas de mutation par décès, il peut y avoir conflit
entre deux acquéreurs. Un immeuble dépendant d'une succession est attribué à un des communistes. Celui-ci vend
l'immeuble à deux personnes : le premier acquéreur fait
transcrire son titre d'acquisition, puis le second fait transcrire le partage et son titre d'acquisition. A qui profitera la
transcription de la mutation par décès? Telle est la question
que le projet laisse sans réponse ;

3° Dans l'état actuel du projet, les droits de transcription
seraient perçus sur les mutations par décès et il faudrait une
disposition formelle pour les en affranchir.

Ce projet constitue un réel progrès sur la législation de
1855, puisque c'est une réforme d'ensemble du régime de la
propriété foncière. Cependant, au point de vue qui nous
occupe, la transcription des actes déclaratifs, telle que l'a con-
çue le projet, soulève de grosses difficultés pratiques, et une

(1) De Loynes, *eod.*, p. 240.

révision de cette partie du projet s'imposerait si on ne veut pas détruire le crédit des propriétaires fonciers en compromettant la stabilité du partage.

Avant d'en finir avec la publicité des actes qui mettent fin à l'indivision, il est nécessaire de faire remarquer que, pour être opposable aux tiers, l'acte de partage doit avoir acquis date certaine. Il s'ensuit que les dispositions de l'article 1382 seront applicables aux actes de partage sous seing privé, mais la jurisprudence considère les créanciers chirographaires des communistes comme des ayant-cause du débiteur, et les actes de ce dernier feront foi envers eux de leur date et de leur contenu, sauf le droit des créanciers de démontrer la fraude (1).

(1) Cass., 4 juin 1890, S. 91, 1, 305; Aubry et Rau, VIII, § 756, p. 256 *contra* Laurent, XIX, 324; Balleydier, note, S. 91, 1, 305.

DROITS FISCAUX

Depuis le commencement du siècle, la législation fiscale a varié plusieurs fois sur cette matière, et elle est restée toujours en désaccord avec le Droit civil. Pour examiner la question dans toute son étendue, il serait nécessaire de recommencer notre étude à un point de vue spécial. Tel n'est pas notre but. Nous nous contenterons, pour être fidèle au plan que nous suivons, d'indiquer les principales phases de l'évolution de la législation fiscale sur ce point spécial et de signaler quelques-unes des nombreuses difficultés que présente l'application de la théorie du partage déclaratif dans le droit fiscal.

1° Licitation des Immeubles.

Cette opération peut entraîner la perception de deux sortes de droits : 1° les droits fiscaux proprement dits ; 2° le droit de transcription.

A. — Droits fiscaux proprement dits

Il nous est nécessaire, en cette matière, de faire une rapide excursion hors de notre sujet pour présenter un tableau rapide de la législation fiscale sur le partage depuis la Révolution, ce qui nous permettra d'exposer plus clairement les différences qui, en cette matière, séparent la licitation du partage.

La loi des 5-19 décembre 1790 abolit les droits de contrôle et de centième denier, qu'elle remplaça par des droits d'enregistrement. Les partages d'immeubles sans soulte ni retour de lots sont frappés d'un droit fixe de vingt sous par cent livres. Les actes contenant cession ou licitation sont soumis au droit proportionnel de vingt sous par cent livres. Quant aux partages de meubles passés devant notaires, ils sont soumis au droit de dix sous par cent livres.

La loi du 9 vendémiaire an VI soumet toute espèce de partage au droit proportionnel de un demi pour cent.

La loi du 22 frimaire an VII, admettant que tout ce qui n'oblige, ni libère, ni ne transmet ne peut être soumis au droit proportionnel (1), soumet (art. 68, § 3, n. 2) les partages de meubles et d'immeubles à un droit fixe de 3 francs et au droit proportionnel de 2 0/0 les soultes et les parts d'immeubles acquises par licitation (art. 69, § 5).

La loi du 9 pluviôse an IV décuple les droits fixes et double les droits proportionnels; mais elle fut presque aussitôt abrogée par la loi du 14 thermidor an IV qui grève les soultes et les licitations du droit de 2 0/0. Quant aux soultes en immeubles et aux parts acquises par licitation, elles sont soumises au droit proportionnel de 4 0/0 (n. 4 et 5). La loi du

(1) Rapport de Duchâtel au Conseil des Cinq-Cents.

28 avril 1816 porte le droit fixe de trois à cinq francs (art. 45, n. 3).

L'article 1ᵉʳ de la loi du 22 février 1872 frappe les partages d'un droit gradué. Ce droit était de 5 fr. au-dessous de 5,000 fr.; de 10 fr. de 5 à 10,000 fr. ; de 20 fr. de 10 à 20,000 fr., et au-dessus il était dû 20 fr. par 20,000 fr. ou par fraction de 20,000 fr. La loi du 28 avril 1893 soumet le partage à un droit proportionnel de 0,15 pour cent. Les travaux préparatoires de cette loi affirment que ce sont les nécessités budgétaires qui ont fait introduire cette exception à la loi de frimaire. La voie dans laquelle on s'est engagé est dangereuse: un droit fiscal, une fois créé, n'est jamais supprimé. Au contraire, il est si facile d'augmenter tous les ans un impôt de quelques centimes qu'il est à prévoir que le partage sera bientôt assimilé à une vente au point de vue fiscal.

Si l'adjudicataire est un étranger, la question ne présente aucune difficulté. L'opération devant être considérée, par rapport à l'immeuble, comme une aliénation, les droits de mutation à titre onéreux seront dus.

L'adjudication est prononcée au profit d'un copropriétaire. En Droit civil, l'opération a le caractère de partage. Le droit fiscal range la licitation (avec le partage avec soulte) dans la catégorie des actes de mutation (1). (L. du 22 frimaire an VII (12 décembre 1798), art. 5, n° 6.)

De ce que la licitation, comme le partage avec soulte, est tarifée avec les actes translatifs, il en résulte les conséquences suivantes :

1° La licitation doit être enregistrée dans les trois mois si elle est faite sous forme de cession constatée par acte sous seing privé (art. 22);

---

(1) Le caractère déclaratif du partage peut être invoqué par le fisc pour asseoir la perception des droits de mutation par décès et sans qu'il y ait à distinguer entre le partage antérieur et le partage postérieur à la déclaration de succession.

2º Il peut y avoir lieu à expertise si le prix indiqué semble inférieur à la valeur réelle de l'immeuble (art. 17);

3º L'existence de l'opération est suffisamment établie, au point de vue fiscal, par l'inscription du nom du nouveau possesseur au rôle de la contribution foncière, et les paiements par lui faits, d'après ce rôle, soit par des baux, transactions ou autres actes, constatent sa propriété (loi de frimaire, art. 12, et loi du 27 ventôse an IX, art. 4);

4º S'il n'existe pas de titre écrit, l'acte doit être déclaré dans les trois mois de l'entrée en possession (loi 27 ventôse an IX, art. 4);

5º Les décimes sont calculés, d'après les tarifs en vigueur, au jour de la confection de l'acte;

6* Quand l'opération donne lieu à la perception d'un droit de mutation, c'est le droit de mutation à titre onéreux et non le droit de mutation à titre gratuit qui doit être perçu;

7º La licitation donne lieu à la perception du droit proportionnel sur les portions acquises (1).

Si le communiste adjudicataire paie son prix en moins prenant dans les autres biens de la masse commune, le droit de mutation n'est pas dû, puisque le communiste n'acquiert rien. On prouvera que le copropriétaire n'a rien acquis en produisant à l'enregistrement l'acte de liquidation en même temps que l'acte de licitation (2).

Si l'acte d'adjudication est enregistré isolément, le droit de mutation sera dû pour tout ce qui excède le montant des droits antérieurs de l'adjudicataire dans l'immeuble licité, et si l'on produit, après l'enregistrement de l'acte d'adjudication, un acte de liquidation, il n'y aura pas lieu à la restitution

---

(1) Le droit proportionnel est de 4 p. 100, sans addition du droit de transcription.

(2) Demante, *Principes de l'Enregistrement,* II, 711, III. — Le partage soumis à l'homologation de la justice n'est définitif qu'après le jugement d'homologation. (Cass., 12 mai 1870, *Inst.* 2403, *Rép. per.* 3110; Cass., 22 juillet 1872, *Rép. gén.,* 10834.)

des droits si l'adjudicataire n'a aucune portion du prix à
payer (loi de frimaire, art. 61). Ce n'est qu'une conséquence
de ce principe suivant lequel l'acte de partage doit porter en
lui-même la preuve de l'égalité des lots (1).

On admet qu'il ne faut pas tenir compte, pour la perception
des droits, des adjudications antérieures, même s'il est possi--
ble de considérer ces divers actes comme des parties d'une
même opération (2).

Lorsqu'un des colicitants s'est rendu acquéreur de plusieurs
lots dans la même adjudication, la déduction de la partie du
prix exempte du droit de mutation doit être égale à sa part
dans le total des lots qui lui sont adjugés. Par suite, elle doit
s'opérer par un calcul unique. Pour calculer les parts acquises, s'il s'agit d'un héritier il faut tenir compte, non seulement
des droits dérivant de sa vocation héréditaire, mais encore de
ceux que le défunt lui a conférés par préciput.

Si l'immeuble est adjugé à plusieurs communistes, le droit
de mutation n'est dû par chaque adjudicataire que sur ce qui
excède ses droits dans la totalité de l'immeuble (3).

Si la liquidation ne porte que sur certains biens de la masse
commune, peut-elle servir à régler la perception du droit
exigible sur la licitation? L'administration a soutenu le contraire. La jurisprudence, dit-elle, admet que la liquidation
doit servir de base pour le calcul des parts acquises

(1) La loi du 22 prairial an VII, qui a créé pour les actes judiciaires des
droits de greffe indépendants des droits d'enregistrement, autorisait, dans son
article 2, à percevoir, pour la rédaction des adjudications judiciaires, 1/2 p. 100
sur les cinq premiers mille francs et 1/4 p. 100 au-dessus. Ce droit, qui n'était
exigible que sur les parts acquises à suite de licitation, a été supprimé par la
loi du 26 janvier 1892 (art. 4).

(2) Si les frais de l'adjudication sont stipulés payables en sus, on doit, pour
calculer les parts acquises, en déduire la portion de l'adjudicataire. (V. trib.
civ. Seine, 19 mars 1870, S. 71, 2, 123.)

(3) Cependant, la jurisprudence civile considère cette opération comme une
vente.

quand la liquidation est présentée à l'enregistrement en même temps que l'acte d'adjudication. Mais cette solution, qui consacre une exception à la règle générale de la perception de l'impôt, suppose une liquidation qui détermine irrévocablement les droits des communistes et n'est pas applicable au cas où la liquidation n'est qu'un acte provisoire pouvant être modifié par des opérations complémentaires.

En général, la jurisprudence a repoussé cette solution. L'article 883 s'applique au partage total aussi bien qu'au partage partiel, puisque les articles 815, 826, 827 et 887 admettent la possibilité d'un partage partiel et définitif, et un partage ou une liquidation de ce genre doivent être considérés comme définitifs à l'égard des biens sur lesquels portent ces opérations (1).

Enfin, si l'acquéreur est nu-propriétaire ou usufruitier, soit en totalité, soit en partie, des immeubles qui lui sont adjugés, les droits ne sont pas perçus sur la portion de l'usufruit ou de la nue-propriété qu'il possédait déjà (2).

De même, si l'immeuble est adjugé indivisément à plusieurs colicitants, le droit de mutation n'est exigible que sur ce qui excède ses droits dans la totalité de l'immeuble (3).

Ces règles sont applicables, quelle que soit la cause de l'indivision, notamment :

1° Aux époux communs en biens (4);

(1) V. en ce sens : Paris, 4 fév. 1837, S. 38, 2, 124; Cass., 3 déc. 1851, D. 52, 1, 10. Il n'en serait plus ainsi dans le cas où la liquidation renfermerait des réserves pouvant influer sur la détermination des droits des communistes.

(2) *Dictionnaire des droits d'enregistrement*, V° « Partage », n° 234. — Cette solution est très juste au point de vue fiscal (car l'adjudicataire ne doit pas le droit de mutation pour les portions qu'il n'a pas acquises); mais, au point de vue civil, nous n'admettons pas que cette opération soit un partage, car le nu-propriétaire et l'usufruitier ne sont pas en état d'indivision.

(3) *Dictionnaire d'Enregistrement*, V° « Partage », n. 230. Cependant, la jurisprudence n'attribue pas le caractère déclaratif aux licitations qui ne font pas cesser l'indivision. (Cf. p. 149, n. 3.)

(4) Cass., 18 novembre 1839, S. 40, 1, 38; Cass., 18 août 1845, S. 45, 1, 761;

2° Aux copropriétaires des biens d'une société dissoute (1);

3° Aux copropriétaires qui ont acquis un immeuble en commun (2).

B. — Droit de transcription

En général, le droit de transcription n'est pas dû en cas d'adjudication à l'un des communistes, puisque la loi de 1855 n'a pas exigé la transcription (3) des actes déclaratifs pour rendre la mutation de propriété opposable aux tiers. Ce principe devrait être applicable quelle que soit l'origine de l'indivision. Mais la transcription n'a pas seulement pour but de rendre la mutation de propriété valable *erga ommes*, c'est aussi une mesure de publicité destinée à servir de base à la procédure de la purge. Or, l'adjudicataire peut avoir, à cause de son titre, le droit de purger, et dans ce cas le droit de transcription sera dû.

Ainsi, l'héritier bénéficiaire auquel on reconnaît la faculté de purger devra le droit de transcription (4). On a essayé de

Cass., **22 avr. 1846**, S. **46, 1, 392**. — Mais le droit est exigible sur la totalité des biens si la femme qui a renoncé se rend adjudicataire.

(1) *Dict. d'Enreg.*, V° « Partage », n. **223**; Cass., **17 août 1836**, S. 36, 1, 854.

(2) Cass., **14 juill. 1824** (*Journ. de l'Enreg.*, n. **7773**).

(3) Le conservateur n'est pas juge de l'utilité de la transcription, et l'adjudicataire peut requérir la transcription d'un acte déclaratif; mais le droit n'est pas remboursé si la transcription a été requise par erreur. (Cass., **30 août 1826**; Dalloz, *Rép.*, V° « Enregistrement », n. **6040**; Cass., **30 juillet 1865**, D. 65, 1, 15; Cass., **24 mars 1868**, D. 68, 1, 244.)

(4) V. en ce sens : Aubry et Rau, III, § 293 *bis*, note 27, p. 506; Pont, *Privilèges et Hypothèques*, II, n. **1274**; Demolombe, XVII, 191 *bis;* Cass., **12 nov. 1823**; **26 déc. 1831**, S. 32, 1, 121; **21 janv. 1839**, S. 39, 1, 136; **12 août 1839**, S. 39, 1, 781; **15 avr. 1840**, S. 40, 1, 452; **16 janv. 1842**, S. 42, 1, 240; **10 avr.**

contester cette solution en disant que le droit à la purge ne s'ouvrant au profit d'un copartageant attributaire que du jour où il a payé la portion du prix dont il est débiteur, ne dérive pas du titre lui-même et ne peut rendre exigible le droit de transcription. Ces arguments sont des plus contestables, car le droit à la purge dérive du titre, puisqu'il est accordé à l'héritier en sa qualité d'attributaire des droits appartenant aux autres copropriétaires. D'ailleurs, le paiement du prix n'étant qu'une simple formalité, ne peut être considéré comme un événement conditionnel d'où dépend le droit à la purge.

Si l'héritier bénéficiaire est un mineur qui s'est rendu adjudicataire à suite de licitation amiable, le droit de transcription ne peut être perçu, car cette opération, ayant le caractère d'un partage provisionnel (art. 466), ne peut servir de base à la purge, et les créanciers conservent le droit de provoquer une adjudication régulière (1).

Le légataire particulier d'une part indivise qui se rend adjudicataire de la totalité de l'immeuble doit payer le droit de transcription (2), puisqu'il peut purger (3).

1848, S. 48, 1, 402; 26 fév. 1862, S. 62, 1, 609; 22 juin 1870, S. 70, 1, 223; Chambres réunies, 12 janv. 1876, S. 76, 1, 81 et note 5 mars 1894 (*Rev. du Not.*, n. 9131, *contra* Valette, *Note*, S. 73, 1, 86). — L'ayant-cause de l'héritier bénéficiaire sera obligé de transcrire (Cass., 27 nov. 1872, S. 73, 1, 86). — Il en sera de même de l'adjudication prononcée au profit du grevé de substitution, même si l'on admet que cette opération, qui n'est pas un partage, n'emporte pas mutation, car la transcription est nécessaire pour avertir les tiers que les biens ne sont plus grevés de substitution. (V. en ce sens tribunal civ. Seine, 22 juin 1883, *Dict. d'Enreg.*, V° «Partage», n. 269.)

(1) Sol. 29 sept. 1865 et 9 avr. 1860.

(2) Cass., 6 fév. 1889, S. 89, 1, 385.

(3) La jurisprudence et la majorité de la doctrine sont en ce sens. (V. Cass., 12 janv. 1876; Cass., 18 mars 1884, S. 84, 1, 345; Cass., 16 déc. 1885, S. 86, 1, 385; Aubry et Rau, III, § 293 *bis* et note 18, p. 504; Laurent, XXXI, 425; Pont, *Privil. et Hyp.*, II, 1276.)

Il en sera de même toutes les fois que le communiste adjudicataire aura le droit de purger (1).

Généralement, on formule ainsi cette règle. Les copropriétaires qui n'ont pas de titre commun doivent transcrire l'acte qui met fin à l'indivision. L'adjudication fera disparaître rétroactivement les droits consentis par les autres copropriétaires, mais les hypothèques consenties par l'auteur du communiste seront maintenues. Si le communiste a la qualité d'ayant-cause à titre particulier, il aura la faculté de purger et sera obligé de faire transcrire l'adjudication, qui servira de base à cette procédure. Vainement on objecte que l'acte par lequel le communiste est entré dans l'indivision est sujet à transcription et que cet acte, qui constate la mutation, doit servir de préliminaire à la purge. En effet, on ne comprendrait pas comment, en présence de l'incertitude sur les résultats du partage, un communiste pourrait être sommé par les créanciers hypothécaires de payer ou délaisser, ni comment ces derniers pourraient être forcés, soit à accepter les offres de l'acquéreur, soit à surenchérir sur une part indivise. D'ailleurs, la doctrine contraire ouvrirait à la fraude un trop facile accès. Il suffirait, pour éviter le droit de transcription, d'acquérir une portion indivise d'un immeuble, puis de se rendre adjudicataire de la totalité pour éviter de payer les droits de mutation.

Les applications pratiques de cette théorie, dont nous avons donné un vague aperçu, soulèvent de nombreuses difficultés qu'il nous est impossible d'examiner en détail. Nous nous contentons d'indiquer, à titre d'exemple, quelques-unes des solutions adoptées par la jurisprudence.

1º La présence de communistes sans titre commun ne

---

(1) Il suffit, pour donner ouverture au droit, qu'il y ait un intérêt à transcrire sans qu'il y ait lieu de rechercher si, en fait, il existe des hypothèques à purger. (Cass., 21 janv. 1839, S. 39, 1, 136; Cass., 16 fév. 1842, S. 42, 1, 240; Cass., 26 août 1850, S. 50, 1, 681; Cass., 6 fév. 1889, S. 89, 1, 385.)

nuit pas au copropriétaire *ab initio* qui se rend adjudicataire ;

2° Le légataire particulier, ayant la qualité de tiers détenteur, est obligé de payer les droits de transcription (1);

3° Le cessionnaire d'un communiste sera tenu de faire transcrire son acte d'adjudication (2);

4° Il en sera de même des coacquéreurs de parts indivises par acte distinct, car les hypothèques à purger ne sont pas les mêmes pour les deux copropriétaires. Pendant l'indivision qui a existé entre le premier acquéreur et l'auteur commun, celui-ci a pu hypothéquer la portion de l'immeuble conservé. Si le fonds est adjugé au premier acquéreur, ces hypothèques seront résolues; mais, au contraire, s'il est adjugé au second, elles seront maintenues, et celui-ci aura le droit de purger. Dans ces conditions, la licitation est de nature à être transcrite.

Au contraire, on reconnaît que le droit de transcription n'est pas dû :

1° Par le cohéritier (3);

2° L'époux commun en biens;

3° Le légataire universel ou à titre universel;

4° L'héritier pur et simple d'un copropriétaire en vertu d'un titre commun;

5° Les coacquéreurs en vertu d'un même acte (4).

---

(1) Cass., 6 fév. 1889, D. 89, 1, 299. — Si nous supposons deux légataires particuliers en vertu d'un même testament, ils seront bien propriétaires au même titre, et cependant ils devront transcrire.

(2) Cass., 29 mai 1876, S. 76, 1, 297; Cass., 16 nov. 1891 (*Rev. Not.*, 8638),

(3) Il n'est pas nécessaire que l'indivision ait une origine unique. Ainsi, des frères partageant une masse indivise composée de biens paternels et maternels, seront copropriétaires en vertu du même titre (*Dict. d'Enreg.*, n. 314, *eod.*). Mais le droit de transcription serait exigible si l'indivision disparaissait par suite d'une donation, car une donation n'est pas un partage et doit être transcrite en vertu de l'article 939. (V. en ce sens Cass., 5 mai 1841, S. 1, 41, 434.)

(4) Il faut que les copropriétaires aient acquis leurs droits par un acte uni-

Puisque l'affranchissement du droit de transcription suppose un titre commun, l'adjudicataire devra justifier de ce
titre, sinon le droit pourra être perçu, sauf restitution dans le
délai de deux ans (1).

Toutes les fois que l'adjudication n'est pas prononcée au
profit d'un seul des copropriétaires en vertu d'un titre commun, l'adjudication doit être transcrite, puisque l'acte n'est
pas considéré par la jurisprudence comme un partage (2).

Le droit de transcription n'est pas dû lorsque l'adjudication
est prononcée à la suite d'une surenchère du dixième. On a
essayé de soutenir (3) le contraire en disant que l'adjudicataire
sur surenchère tient ses droits de l'acquéreur, mais la jurisprudence a repoussé cette opinion que Dumoulin avait déjà
condamnée.

Quand le droit de transcription est exigible, il est perçu
sur la totalité du prix, car la transcription, qui a son but propre et ses effets spéciaux, est indivisible et ne peut être assi-
milée au droit d'enregistrement.

L'hypothèque frappant toutes les parcelles, la purge doit
porter sur le tout. C'est le prix total qui doit être l'objet des
déclarations ou des notifications prescrites par les articles 2183
et 2184. Or, si les effets de la transcription sont indivisibles
comme l'hypothèque, s'ils s'étendent à tout l'immeuble, le
droit doit être perçu sur la valeur entière de l'immeuble (4).

que ou par deux actes simultanés. Dans ces deux cas, ils pourront purger en
faisant transcrire leur acquisition, et il sera inutile de transcrire l'adjudication ;
mais si la purge n'a pas lieu avant la licitation, c'est celle-ci qui devra être
transcrite. (*Instr.* 2798, n. 10.)

(1) *Dictionnaire d'Enregistrement*, n. 313, eod.

(2) N. 271, eod., *contra* Championnier et Rigaud, III, 2737. Nous admettrions
cette dernière opinion, puisque nous attribuons le caractère déclaratif à la licitation qui ne fait pas cesser l'indivision et que la transcription de cet acte ne
peut servir de base à la procédure de purge.

(3) Lamarche, *Rev. prat.*, 1882, p. 230.

(4) Cass., 16 avr. 1850, S. 50, 1, 361 ; 6 déc. 1871, S. 71, 1, 245 ; 18 juillet
1882, S. 83, 1, 377 ; 30 nov. 1885, S. 86, 1, 432.

2° Licitation des meubles.

Les meubles ne sont jamais soumis au droit de transcription. Quant au droit de mutation proprement dit, il n'est exigible que pour les parts acquises (1). Le montant du droit varie avec la nature des meubles (2).

La licitation des créances à terme est soumise au droit de 1 0/0 (loi 22 frim., art. 69, § 3, n. 3), celle des rentes au droit de 2 0/0 (§ 5, n. 1 et 2 *eod.*).

S'il s'agit d'un fonds de commerce, on paie 2 0/0 sur l'achalandage et 0,50 0/0 sur les marchandises neuves (loi 28 fév. 1872) (3). En cas de licitation, on imputera, pour la perception des droits fiscaux, le paiement du prix sur les meubles qui donnent ouverture au droit le moins élevé (4).

Si l'héritier bénéficiaire qui est héritier unique se rend adjudicataire, le droit de mutation ne devra pas être perçu (5).

Lorsqu'il s'agit d'une vente publique de meubles, la loi du 22 pluviôse an VII, art. 6, dispose que le droit d'enregistrement sera perçu sur le montant des sommes que contiendra cumulativement le procès-verbal des séances, et

(1) Cass., 13 juill. 1840, S. 40, 1, 586.

(2) Le tarif des soultes mobilières, qui est fixé à 2 p. 100 (art. 69, § 5, n. 7), est modifié par les tarifs spéciaux concernant les diverses catégories de meubles, et il est nécessaire de combiner les § 5, n. 7, et § 7, n. 5 de l'article 69 avec les § 3, n. 3, et § 5, n. 2, du même article, et l'article 70, § 3, n. 3, pour appliquer les droits spéciaux à chaque catégorie de meubles. (V. Garnier, *Rép. gén.*, 12391, 1.

(3) Sur les marchandises vieilles, il doit être perçu un droit de 2 p. 100. Les marchandises transformées sont considérées comme vieilles.

(4) Cass., 6 mai 1843, S. 43, 1, 334.

(5) *Dictionn. d'Enreg.*, n. 210, *eod.*

l'article 10 abroge les dispositions contraires. Doit-on admettre que ce texte est applicable à l'adjudication d'objets mobiliers prononcée au profit du colicitant ou doit-on déduire la part du colicitant adjudicataire? Une décision du Ministre des finances du 10 décembre 1819 et une délibération du 6 mars 1840 décident que le droit de mutation doit être perçu sur le prix entier des objets adjugés au copropriétaire quand la vente est faite par lots ou articles et qu'il est rédigé un simple procès-verbal que les acheteurs ne signent jamais. On doit, au contraire, déduire la part de l'adjudicataire quand un copropriétaire se rend adjudicataire d'un fonds de commerce ou d'un meuble de valeur vendu en forme de licitation (1).

Cependant, le tribunal civil de la Seine a rejeté cette distinction. « On ne peut percevoir de droit de mutation quand il y a retrait et non vente. D'ailleurs, la loi de pluviôse a eu pour but, non d'autoriser la perception d'un droit de mutation en l'absence de toute mutation, mais d'empêcher la perception d'un droit minimum de 2 francs par chaque article du procès-verbal, et la loi de pluviôse n'a dérogé que sur ce point à la loi de frimaire (2). »

(1) La jurisprudence a admis cette opinion. (V. Cass., 9 mai 1882; D., Rép., V· « Enregistrement », n° 2832; trib. civ. Seine, 21 oct. 1836; Dict. d'Enreg., n. 211, eod.)

(2) Trib. civ. Seine, 10 juin 1887, D. 89, 3, 55. (V. en ce sens Dalloz, Rép., V° « Enregistrement », n. 2830; Championnière et Rigaud, III, 2689.)

APPENDICE

Effets de la licitation en droit international privé.

Quand les copropriétaires n'appartiennent pas à la même nationalité, ou si les biens composant la masse indivise sont situés dans des pays de législation différente, quelle sera la législation applicable aux effets de la licitation ?

Si une convention diplomatique a indiqué quelle serait la loi applicable, la question ne fait aucune difficulté, puisqu'il suffit, pour résoudre le conflit, de s'en référer au texte du traité (1).

Si aucun traité n'a prévu le conflit ou si le texte est ambigu, la solution de la question présente de nombreuses difficultés dont nous allons indiquer les principales.

Nous supposons qu'il s'agit de la licitation des biens provenant d'une succession. Dans l'Ancien Droit, les biens de la succession étaient régis par la loi territoriale (2).

---

(1) En matière de succession, les conflits de lois ont été réglés avec l'Autriche (Traité du 11 déc. 1866, art. 2, alin. 1); la Russie (1er av. 1874, art. 10, al. 1); la Serbie (18 juin 1833, art. 8); le Mexique (27 nov. 1886, art. 6); la Suisse (15 juin 1869, art. 5).

(2) De Savigny, Système VIII, § 376, IV, § 294.

Plus tard, la théorie des statuts modifie la rigueur de cette règle. Les jurisconsultes statutaires, appliquant à cette matière leur théorie favorite, distinguèrent entre les meubles et les immeubles. Aux immeubles ils appliquaient le statut réel (1), aux meubles la loi du domicile du défunt (2). Après la rédaction du Code civil, la même théorie fut adoptée par la majorité de la doctrine et de la jurisprudence (3). Les immeubles sont régis par la loi territoriale. Les meubles sont réputés situés au domicile de leur propriétaire (4).

Cette distinction, qui avait sa raison d'être dans le régime féodal, où la transmission héréditaire des immeubles était considérée comme une règle d'ordre public, ne peut se justifier dans nos législations modernes. On ne peut attribuer le caractère de statut réel ou personnel à des règles qui ne déterminent ni l'état des choses ni la capacité des personnes (5). Vainement on a essayé de justifier cette distinction en disant que les lois sur les successions s'appliquant aux immeubles situés sur le territoire sont d'ordre public, car la transmission héréditaire de ces biens tient à l'organisation politique et économique de l'Etat (6). Toutes les lois ont des rapports

(1) Quod sunt bona diversis territoriis obnoxia, tot sunt patrimonia.

(2) *Mobilia sequuntur personam.* Certains jurisconsultes, tels que Dumoulin et Boullenois (Questions qui naissent de la contrariété des coutumes et des lois, p. 486), admettaient que les meubles n'ayant pas d'assiette fixe sont considérés comme ayant leur situation au domicile du défunt. D'autres, comme d'Argentré, justifient cette règle en disant que la succession mobilière dépendait du statut personnel du défunt.

(3) Cass., 5 mai 1875, S. 75, 1, 409; Cass., 22 mai 1880, S. 80, 2, 294; Cass., 22 fév. 1882, S. 82, 1, 393; Bordeaux, 24 mai 1876, S. 77, 2, 109; Toulouse, 22 mai 1880, S. 80, 2, 294.

(4) V. en ce sens : Cass., 27 avr. 1868, S. 68, 1, 257; Cass., 12 janv. 1869, S. 69, 1, 138; Cass., 5 mai 1875, S. 75, 1, 409; Pau, 7 janv. 1872, S. 72, 2, 233. V. cep. Paris, 29 juill. 1872, S. 73, 2, 148, et Labbé, note, S. 75, 1, 409, qui appliquent aux meubles la loi du pays d'origine.

(5) V. en ce sens Despagnet, *Dr. int. priv.*, n. 556.

(6) Valette, sur Proudhon, I, p. 98; Demolombe, I, n. 91; Aubry et Rau,

très étroits avec le système économique et politique d'un peuple; par conséquent, si cet argument était acceptable, il faudrait renoncer au droit international privé et n'appliquer que la loi territoriale, sous prétexte de sauvegarder les principes politiques et économiques d'une nation. D'ailleurs, pourquoi restreindre l'application du statut réel aux immeubles? Pourquoi les dispositions qui régissent la dévolution des successions quant aux immeubles auraient seules le caractère d'ordre public? Aussi, quelques auteurs (1) ont admis que la loi territoriale serait applicable aux meubles aussi bien qu'aux immeubles.

Cette règle soulèverait, en pratique, de nombreuses difficultés provenant des complications produites par ces partages multiples et par l'application de lois contradictoires à un acte qui, en général, devrait présenter une unité parfaite (2). Si l'on doit appliquer la loi du domicile aux meubles du *de cujus*, faudra-t-il tenir compte du domicile de fait ou du domicile de droit, et dans ce cas la diversité des deux lois applicables à la détermination du domicile ne peut-elle pas soulever un conflit (3)?

Quelle que soit, au point de vue des successions, la valeur

I, § 31, n. 45; Demangeat, sur Foelix, I, p. 145; Masse, *Droit commercial dans ses rapports avec le droit des gens et le droit civil*, 1, n. 554; Dudley-Field, *International Code*, art. 585 et 586.

(1) Marcadé, I, n. 78.

(2) L'arrêt de la Cour de cassation du 22 février 1882 a jugé que si une question de dévolution d'une succession dépend d'une loi étrangère (loi du domicile du défunt) et que cette loi prescrive d'observer la loi de la situation des biens, la loi française, en tant que loi de la situation des biens, devient applicable. (V. S., 82, 1, 393.)

(3) La Cour de cassation s'est prononcée pour le lieu du domicile autorisé (Cass., 5 mai 1875, S. 75, 1, 409; Bordeaux, 24 mai 1876, S. 77, 2, 109; Toulouse, 22 mai 1880, S. 80, 2, 294. — V. Demangeat, *Condition des Etrangers*, p. 414). — D'autres pensent qu'on doit appliquer la loi personnelle du défunt. (V. Renault, *Clunet*, 1875, p. 343; Rollin, 11, 320; Laurent, *Droit civ. intern.*, II, p. 319.)

de cette théorie (1), nous croyons qu'elle ne doit pas être appliquée aux effets de la licitation. Nous admettrions, avec les auteurs les plus récents, que le partage est un contrat dont les communistes peuvent régler les dispositions comme bon leur semble. Des sous-distinctions dans les détails desquelles nous n'avons pas à entrer — puisque notre étude est bornée aux effets du partage — s'imposent (2).

Si l'opération intervient entre personnes de nationalité différente, elles pourront indiquer à quelle loi elles se réfèrent pour l'interprétation de leurs conventions et, si rien n'a été dit, le juge pourra recourir à des présomptions pour déterminer la volonté tacite des parties (3). Peu importe que l'article 883 consacre une fiction ou une réalité : les communistes, en faisant une licitation, font un contrat qui ne doit pas être régi par la théorie des statuts. L'on ne peut pas dire que la volonté des parties est hors de cause, puisque la loi détermine les effets du partage. Cette fiction n'est faite, dans les législations qui l'admettent, que pour interpréter la volonté des parties. Nous admettrions, par exemple, que si les parties ont eu l'intention de partager selon la loi espagnole, la licitation

(1) Cette théorie commence à être abandonnée par les auteurs, tels que Laurent (t. VII, n. 431), Despagnet (n. 566), Veiss (p. 717) et par quelques décisions de la jurisprudence française et étrangère. (V. en ce sens : Le Havre, 28 août 1872, S. 72, 2, 313; tribunal suprême de Madrid, Clunet, 1874, p. 182 et p. 40-45; Francfort, 29 janv. 1883; Clunet, 1884, p. 512, *Projet de Code civ. belge,* art. 6, qui admettent que la loi nationale du *de cujus* est applicable aux successions, sauf quelques restrictions. — V. aussi Code italien, art. 8.)

(2) Ainsi, la capacité des parties sera régie par la loi nationale de chacune des parties. Si le partage est judiciaire ou fait par acte public, on appliquera la règle *locus regit actum quoad solemnitatem.* Enfin, la jurisprudence admet que le tribunal de la situation des immeubles est compétent pour connaître de toutes les actions concernant le partage. (V. en ce sens Paris, 31 déc. 1889, *Le Droit,* 8 janv. 1890.)

(3) Le domicile commun pourra être pris en considération pour déterminer quelle est la loi applicable au contrat. (Rollin, II, n. 329.)

sera toujours translative de propriété sans qu'on ait à tenir compte de la situation des biens ou du lieu du contrat.

Cependant, l'autonomie des copartageants peut être restreinte quand la loi territoriale est d'intérêt général. Or, l'article 883 est une règle d'ordre public, puisqu'elle consolide la propriété entre les mains des communistes et prévient le recours entre copropriétaires. Donc, les droits de la société étant en cause, c'est le statut réel qui sera applicable, dans ce cas, aux biens indivis qui se trouveront dans un pays déterminé (1). Cette conséquence n'est pas logique, mais les traités seuls peuvent faire disparaître cette anomalie.

De même, certaines législations consacrent la division des créances ; d'autres admettent le contraire. Donc, pour que l'un des communistes soit valablement saisi des créances envers les tiers dans le pays qui admet la division *ipso jure*, il faudra remplir toutes les formalités de la cession et se conformer aux mesures de publicité, car tout statut qui organise la publicité envers les tiers est réel.

La solution que nous avons adoptée présente l'avantage d'être applicable à toute indivision, quelle que soit sa source. Les mêmes règles seront applicables :

1° Aux sociétés en dissolution ;

2° A l'indivision résultant d'une opération faite en commun.

---

(1) V. en ce sens : Laurent, VII, n. 29; Despagnet, n. 572; Veiss, p. 718 ; Brocher, I, n. 136, p. 438, *contra* Antoine, *de la Succession légitime en droit international privé*, p. 125 et 130. — M. Laurent admet que l'opération produira l'effet déclaratif même sur les biens situés en pays de droit romain, « car le partage translatif, quoiqu'il soit fondé sur les vrais principes du droit, n'est pas d'intérêt général ». Nous ne croyons pas que ce soit exact, et nous admettrions, avec M. Veiss, que le caractère attributif du partage doit être considéré comme étant d'ordre public par les législations qui ont consacré le principe romain. — Voir cependant un arrêt italien rapporté dans Clunet (1876, p. 142), qui admet que, dans ce cas, la transcription du partage peut être exigée dans les pays qui ont adopté la théorie coutumière.

Ainsi, ce système, déjà adopté par quelques décisions de jurisprudence, présente l'avantage de ramener, autant que faire se peut, les règles sur la résolution de l'indivision à un seul corps de doctrines.

CONCLUSION

Avant de finir, jetons un regard en arrière pour mesurer le chemin parcouru. En prenant pour base de mon étude la licitation, qui est la forme la plus complexe du partage, j'ai essayé de présenter un aperçu de l'évolution de la théorie des effets du partage. Les contradictions, les moyens termes, les revirements de jurisprudence se retrouvent à chaque pas dans cette théorie. Le partage idéal ne peut exister et *l'indivision* aboutirait à l'indivisibilité, si l'on ne recourait pas à des artifices pour dégager la propriété de la copropriété. Aucune législation n'a échappé à cette règle fatale. Le Droit romain considère le partage comme une aliénation, le Droit coutumier a essayé de rayer l'indivision de l'histoire de la copropriété en rangeant le partage dans la catégorie des actes déclaratifs. Ces deux procédés sont aussi éloignés l'un que l'autre de la réalité, et nous pouvons les qualifier tous deux d'artifices ou de fictions ; car la raison refuse aussi bien de concevoir un changement de titre dans la transformation de la copropriété en propriété que d'admettre la disparition rétroactive des effets de l'indivision.

Dans le Droit romain, la fiction, ou mieux l'expédient, consiste à assimiler à une vente ou à un échange un acte qui n'a pour but que de faire cesser l'indivision ; en un mot, il a appliqué les règles du droit commun à une hypothèse pour laquelle elles n'étaient pas faites. *Divisionem praediorum* VICEM *emptionis obtinere* PLACUIT, disait l'Empereur Septime Sévère (1).

Le droit moderne a essayé de se rapprocher de la réalité en créant une fiction que nous avons formulée ainsi : Les communistes ne sont pas leurs ayant-cause réciproques. Mais, quoi qu'en disent ses partisans les plus acharnés (2), il n'en est pas moins vrai que c'est une fiction, puisqu'elle essaie, sans toujours y réussir, d'anéantir, même dans le passé, les effets de l'indivision.

La théorie romaine, pas plus que la théorie coutumière, ne se rapprochent de la réalité. L'une comme l'autre ne sont que des expédients destinés à atteindre un but pratique, et, si l'on veut choisir entre ces deux systèmes, il faut rechercher, non le plus proche de la réalité, mais le plus simple et le plus pratique.

La règle coutumière, qui est plus conforme à la volonté des parties, a eu, comme toute chose qui a vécu, sa raison d'être; car il fallait soustraire les communistes au paiement d'un double droit de mutation et ne pas faire subir à tous les nombreuses hypothèques occultes provenant du chef de l'un d'eux. Nous ne dirons pas, avec M. Laurent (3), « que cette fiction n'est pas seulement contraire au fait, mais qu'elle est aussi contraire aux principes », car nous ne voyons en quoi le partage attributif est plus conforme à la réalité des faits ; mais nous ferons remarquer avec lui que cette fiction, dont on ignore la portée, ne peut être admise dans toute son étendue sans aboutir à une inconséquence. D'un côté, l'article 883 admet le caractère dé-

<hr />

(1) C. 1, C. J., *Comm. utr. judicii* (3-38).

(2) Dramard, *France judiciaire*, 1892, 1re partie, p. 213; Tartufari, *Archivio*, 1875, p. 436 et *seq.*

(3) *Avant-projet de Code belge*, t. III, p. 635.

claratif du partage ; de l'autre, l'article 884 consacre la théorie
romaine dans une de ses conséquences les plus importantes.
Or, si le partage n'est pas attributif, l'obligation de garantie
n'a pas sa raison d'être.

L'application de l'effet rétroactif aux objets acquis par un
communiste sur licitation paraît bien plus étrange. La licitation est une vente et cependant le communiste, qui n'est qu'un
acquéreur, sera censé détenir le bien à titre de partage.
N'est-ce pas consacrer une anomalie que d'admettre qu'un
acte de vente produira les effets d'un partage? Mais du moment que le législateur soumettait les effets du partage à des
règles spéciales, il était obligé, pour des raisons pratiques,
d'appliquer les mêmes règles à la licitation s'il ne voulait
priver, dans de nombreuses circonstances, les communistes
du bénéfice de cette fiction. On évite, dit-on, les procès en
supprimant les droits réels consentis durant l'indivision par
les communistes non attributaires; cela est vrai, mais cette
fiction les fait renaître bien plus nombreux sur chacune
des mille difficultés qu'elle soulève. Les hypothèques des
communistes disparaîtront et les procès seront évités de ce
côté; mais a-t-on tranché d'une façon satisfaisante les questions suivantes, sources intarissables de difficultés?

1° Quelle est la portée de l'article 883 ?

2° Pour que cet article soit applicable, faut-il que l'indivision cesse complètement?

3° L'article 883 est-il applicable aux créances ?

4° Les communistes sont-ils censés, en cas de licitation,
avoir été propriétaires d'une part de l'objet proportionnelle à
la portion de prix qui a été mise dans leur lot?

5° L'article 883 est-il applicable aux ayant-droit (tiers)
des communistes?

Ce doute continuel sur ces nombreuses questions, dont
nous ne citons que les principales; ces controverses sans fin,
qui décident beaucoup d'auteurs à s'attacher, pour les résoudre, à une pratique destinée à rester obscure, disparaîtraient

si l'on revenait à la théorie romaine. Nous ne disons pas que la *disparition* de l'article 883 *supprimerait* toutes les difficultés que soulève la théorie du partage, mais un grand nombre seraient résolues, puisqu'on n'aurait plus à combiner une fiction dont on ignore la portée avec les règles du droit commun.

Cependant, nous apporterions deux restrictions au principe romain. Les communistes seraient leurs ayant-cause réciproques ; mais l'acte qui déterminerait d'une façon abstraite le montant des droits respectifs de chaque copropriétaire devrait conserver le caractère déclaratif. A notre avis, cet acte serait une sorte de transaction.

Dans l'état actuel de notre système hypothécaire, il faudrait admettre que les privilèges et hypothèques consentis pendant l'indivision ne grèveront pas la part du communiste qui ne les a pas constitués.

Il semble téméraire de vouloir détruire une fiction qui compte déjà trois siècles d'existence. Nous aurions probablement hésité si une tendance analogue ne s'était pas manifestée dans le monde juridique.

Depuis longtemps, les nations voisines ont abandonné la distinction surannée de la loi du 23 mars 1855, et le partage est rangé, au point de vue de la publicité envers les tiers, parmi les actes translatifs.

Les Codes modernes, abandonnant les vieilles idées sur l'indivision, la considèrent comme un état qui peut être durable et la réglementent soigneusement. Deux d'entre eux, les plus récents, ont répudié la théorie de l'effet déclaratif du partage.

La jurisprudence tend, dans ces dernières années, à réduire l'application de la théorie du partage déclaratif à ses plus étroites limites (1).

Dans la doctrine, la plupart des auteurs admettent aussi

(1) V. pour l'Italie : Turin, 23 juin 1875, *Archivio*, 1875, p. 436.

l'interprétation restrictive (1). D'autres vont plus loin et concluent à la suppression pure et simple de la fiction (2). La législation française elle-même manifeste les mêmes tendances. Dans la loi du 10 décembre 1874, elle ne considère plus l'indivision comme un état fâcheux, puisqu'elle réglemente la copropriété maritime et limite, pour la première fois, l'application de l'article 883. Enfin, tout récemment, la loi du 30 novembre 1894, art. 8, apportant une dérogation à l'article 815, semble démontrer que le législateur a renoncé à ses préventions au sujet de l'indivision.

Il nous a été difficile de dire quel est l'état actuel de la législation ; il est encore plus difficile de prévoir quelle sera celle de demain. Cependant les observations que nous venons de faire nous autorisent à croire que la théorie romaine fait des progrès dans le monde moderne et que, de sa combinaison avec le principe coutumier, il naîtra peut-être une disposition législative dont l'article 883 n'aura été que l'ébauche.

(1) Huc, t. V.

(2) Laurent, *Avant-projet de Code civil belge*, t. III, liv. I, sect. VII, p. 635 ; sur l'article 991, M. Rouard de Card, *de l'Effet déclaratif du partage.*

Vu : *Le Président de la thèse,*

Louis FRAISSAINGEA.

Vu : *Le Doyen de la Faculté de Droit,*
J. PAGET.

Vu et permis d'imprimer :

Le Recteur, Président du Conseil de l'Université,

PERROUD.

TABLE DES MATIÈRES

———

PREMIÈRE PARTIE

HISTORIQUE

DEUXIÈME PARTIE

EFFETS DE LA LICITATION SOUS L'EMPIRE DU CODE CIVIL

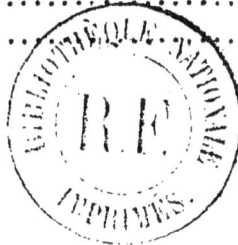

ERRATA

Page 16, six lignes avant la fin, lire *rescision* au lieu de « revision ».

— 21, cinquième ligne, lire *portio* au lieu de « partio ».

— 23, lire *Guy Pape* au lieu de « Guy pape ».

— 23, trois lignes avant la fin du premier alinéa, lire *La Chapelle de Toulouse* au lieu de « Aufrerius ».

Pages 30 et 31, notes 1 et 6, lire *Lapeyrère* au lieu de « Lapeyrière ».

Page 41, mettre des guillemets à la fin du premier alinéa.

— 77, supprimer la fin du premier alinéa, à partir de : « d'une portion ».

— 92, cinq lignes avant la fin, supprimer le mot « nominatif ».

— 96, deuxième alinéa *in fine*, lire *contre* au lieu de « entre ».

— 115, première ligne, lire *donataire* au lieu de « donateur ».

— 116, sixième ligne, mettre *a été licité* au lieu de « licité a été ».

— 116, note 2, ajouter *contra* après « loc. cit. ».

— 118 *in fine,* supprimer « qui avait des droits indivis sur un immeuble ».

— 121, deuxième alinéa, lire *dernière* au lieu de « première ».

— 123, note 4 *in medio*, lire *créanciers* au lieu de « autres copropriétaires ».

— 130, cinquième ligne, lire *n'a apporté* au lieu de « n'a porté ».

— 130, huit lignes avant la fin, lire *563* au lieu de « 883 ».

— 132, onzième ligne, lire *ou* au lieu de « on ».

— 143, troisième ligne, lire *le droit de transcription* au lieu de « les droits de transcription ».

— 146, première ligne, supprimer « rapide ».

— 166, cinq lignes avant la fin, ajouter *pas* après « voyons ».